大展好書　好書大展

趣味心理講座 1

性格測驗①

探索男與女

淺野八郎／著
李鈴秀／譯

大展出版社有限公司

發覺自己本性的書——前言

在電車中，坐在你旁邊，看起來很善良的人，也許，正是打算要炸掉此輛電車的危險人物哩。或者，你認為最可信賴的女友，意外地心底卻想著別的男性。

也許有一天，你會突然的對現在的生活感到不安。

本書所要探討的是，在如此般的世界中，最被探索的人心問題。

現在，本書所具有的作用是，提供對自己的能力喪失自信的人，「解決方法」的訣竅，對正為延攬人才而煩惱的經營者，提示發現人才的線索。

目錄

第二章　個性測驗

第三章　性的測驗

第四章　智能測驗

第五章 深層心理測驗

第一章
盲點測驗

SEEING IS DECEIVING.

怪異的樓梯

前頁的圖畫是M．C．艾夏，於一九五三年畫的，名為「相關性」（Relativity）。一般人初看到此畫的反應，必是感到相當「怪異」，且直覺畫中的光景「簡直不可能存在」，因爲樓梯上，應該是二樓的地方變成一樓，應該是一樓的地方反而變成二樓。其實，此乃一幅垂直面與水平面共存的奇怪圖畫。

當我們的眼睛看到這幅圖畫，在知覺上就會產生大混亂，以致無法充分發揮眼睛的機能，而被其所矇蔽。

接下來，就如此畫般，讓我們對人類知覺上的盲點、判斷上的盲點，進行挑戰吧。

美女圖片

請端看此張照片十秒鐘後，回答下頁的問題。

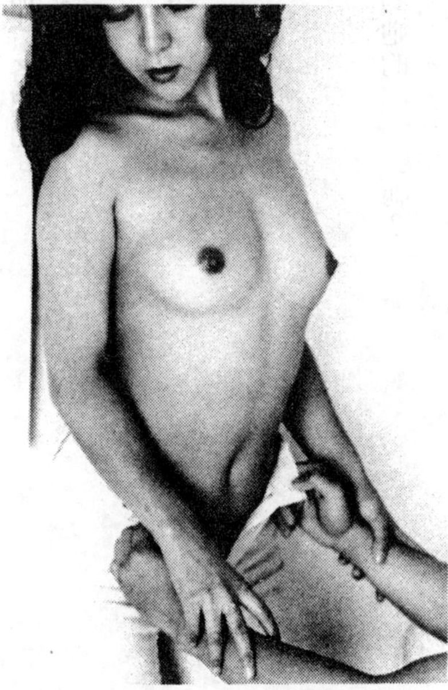

現在，看過前頁照片的你，請回答如下各問題。

問題⑴　前頁女性左手上的手錶錶帶，是皮製的？還是金屬性的？（　　　　）

問題⑵　該女性的臉型是屬於哪種類型？（圓臉、方臉、瓜子臉）

問題⑶　該女性大約幾歲？（大約　　歲）

問題⑷　你是否能從她的褲子窺看到她的○○○嗎？（是、否）

你容易受到「暗示」嗎？

問題⑴的答案　根本沒帶手錶，答案皆錯。

問題⑵的答案　不屬於此三種臉型中的任一種。不過，答「瓜子臉」的人應很多。

問題⑶的答案　視讀者的年齡，對此女性的想像而有所不同。一般說來，年輕人所回答的年齡，會比實際上的大，年紀大的人，則多會回答比此女性的實際年齡小。

問題⑷的答案　此一問題簡直是作弄讀者的問題，作答的人很易受到暗示。其在回答時，必會想問題中的○○○，指的是什麽？而，對此曖昧問題回答「能」的人，大概就較容易偏向性暗示一方面去了。

〈**解說**〉語詞有很多的盲點之處。尤其是，以此種方式詢問，更會得到各式各樣的回答。

例如問題⑴，以「左手上的手錶……」，如此般的暗示詢問時，作答的人，往往會昧於該女性沒有帶手錶的事實，而易以假設她有帶手錶的情形來回答。當問題要求回答「是、否」時，即使問題的內容不具真實性，作答的人也會以「是、否」來回答。掘川直義先生在其所著的『訪談的研究』一書中指出：當問題以「有」、「沒有」的暗示形式來問時，回答「沒有」者佔百分之五十，回答「有」者佔百分之四十二，回答「不知道」者僅佔百分之八。

法庭審判時，證人的話也常發生與此類似的情形，亦即，證人所供述的真實性，很多都是有問題的。一橋大學的植松正教授，就審判中，質問和回答的心理盲點，做了甚多研究。由其研究結果得知，在問到面貌的時候，答案就很易出現大的出入，一般的回答，多是模稜兩可的「瓜子臉」、「圓臉」之類的答案。年齡方面，證人常常會有比實際年齡小的描述，或比實際年齡大的描述，也就是說，一般年紀大的人會評定「年輕」，而年輕的人則會評定「年紀大」的情形多。

另外，有關性聯想的問題，往往多因各人的喜好、經驗和慾求之不同，而各有不同的誇張答案。例如，前面照片中女性姿勢的測驗，當男性回答此問題時，其答案就受到對性的關心的暗示之影響很大。

由此可知，問題的暗示效果是相當大的，而且也不難理解，語言對人際關係的影響力有多大。問答中的一句話，有時會影響了一個人的一生，例如：審判中的證言，相親時的對話，結婚時介紹人的介紹詞等，都是至關重要的，因此，需十分注意不可。

一傘遮三大漢

三個大男人，撐著一把小傘急急忙忙的走在路上。奇怪的是，這三個人雖撐著一把小傘，身體卻都沒有淋濕。這是為什麼呢？

運用「語言陷阱」的問題

〈解說〉「三個大男人」就是一誘導式的暗示。

一說到傘和三個大男人，一般人直覺地會認為「他們會被淋濕」。但「沒有被淋濕」，不就很不可思議了嗎？然而，這時不妨再想想，如果根本就沒下雨……。三個大男人，撐著一把傘，並不意味著「一定」是在避雨。也許是在遮酷熱的陽光呀！有時在語言上使用一些小道具，就可把對方弄迷糊了。

幾個女大學生在報上登一廣告，其內容是：

「我們是兩位主張不穿內衣，日夜努力追求自然姿態、美麗本質、與人類野性魅力的年輕女性。雖然辛苦卻樂在其中，縱使手腳酸痛也在所不惜，我倆一致認為，這是女性最美妙的生活方式。我倆要把這項努力的結晶，呈現在所有男性的面前。每晚八點，請到○○旅館的二○三室參觀。」

讀此文章的你，有何反應呢？恐怕大部分的男性，會聯想到此為目前所流行的女同性戀者，享樂的方式，興起一連串的性聯想吧。在晚上八點衝到那旅館一探究竟的人也不少吧。可是，去過的人必知道，在那二○三室裡，正舉行她倆的繪畫展覽。原來，此兩位女子各以對方為模特兒，做裸體的寫生。如何？很令人噴飯吧。

國境上的墜機事件

一架日本的客機，墜落於北韓和南韓的國境上，也就是38度線上。客機的殘骸落在兩國交界的險峻高原上，要運出屍體是非常困難的。但是，不多久，有關運出乘客的方法，很簡單的就獲得解決了。

怎麼可能會有這種事？你以為如何？

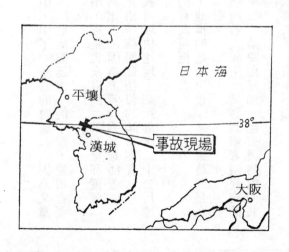

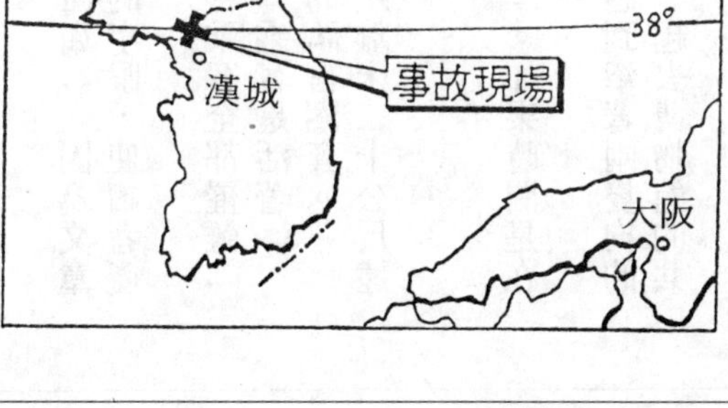

原來，所有的乘客都「安然無恙」

〈解說〉一般人在看此文章時，往往在不知不覺中，中了「語言的魔術」。因為文章中，陸陸續續的出現「墜機」、「屍體」、「殘骸」、「把屍體運出」的字眼，使讀者產生錯覺。

這篇文章中雖沒有提到「乘客都安然無恙」的字眼，可是也沒提到「乘客全都罹難」。然而，當讀者看到「運出乘客」時，不自覺的就想到死人，因為，若「乘客是活著」，就沒有必要運他們，他們自己會走路呀。在此，我將介紹一些與此類似的語言圈套。

例(1) 某人對自己的腳程速度很自豪。他說：「我可以快速地去關距離床二十公尺遠的檯燈，當電燈被關，房間未暗時，我已經回到床上了。」

現在，我們若真的請此男性做此實驗，是不是真的有此可能呢？

一般人聽到例(1)中的人所說的話，一定會聯想到，他指的是「黑夜」。如果時間是在大白天呢？很簡單的，「白天時房間當然不會暗下來」囉。

例(2) 有一天三郎要去博物館。他走沒多久，碰到兩名大學生，又碰到牽著兩隻狗的女學生。接著，又遇到由老師帶領的十三位小學生。現在，請問和三郎一起去博物館的共有幾人？

其實，「去博物館」的只有三郎一人。其他的人到哪去了？根本不知。

不能使用的工具？

這兒有五個建築用的小五金。不過，其中有幾個工具根本不能使用。給你五秒鐘，請指出來。

(1)

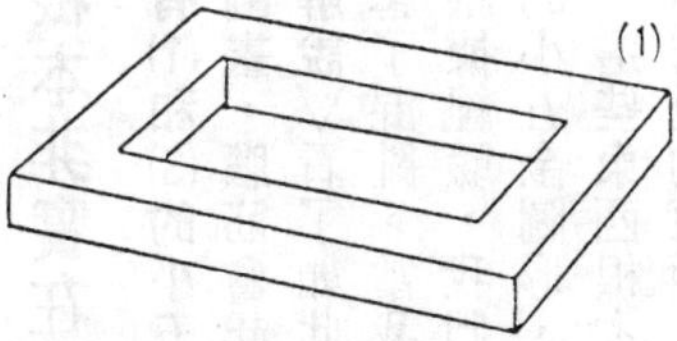

(2)

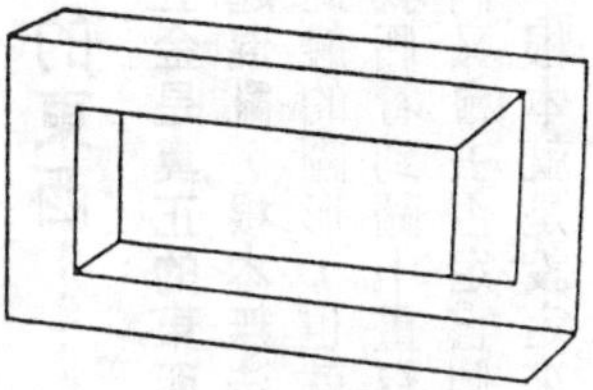

(3)

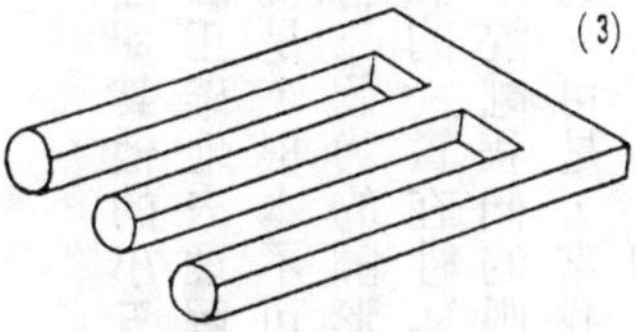

(4)

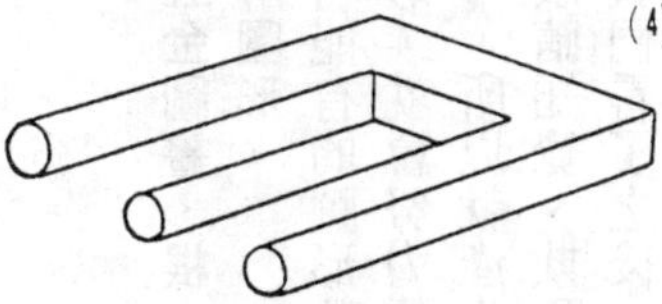

(5)

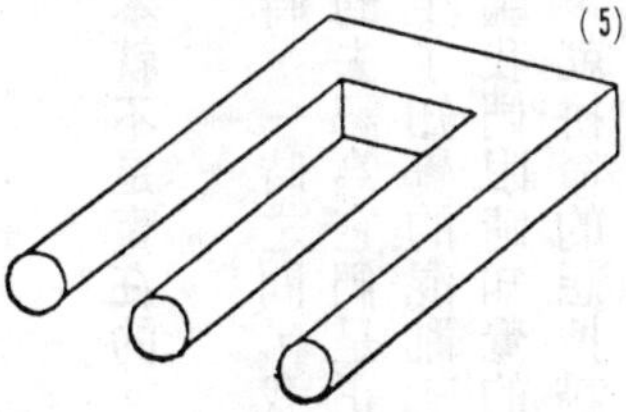

有些根本非實在的東西……

只有⑴和⑶的小五金是真正的東西。其他的小五金圖畫，根本就不是實在的。我們看了這些圖畫，腦筋會起混亂，根本無法正確地去理解圖形。

＜解說＞看了如此般的圖形，也就是，根本不可能有的圖形時，一時之間，我們的頭腦都會起了混亂。當我們看到圖中畫有三個齒的圖形，就會努力的去認為它們是正確的。可是，根據經驗，我們又會去否定它們的「實在性」，所以就產生了知覺的混亂。亦即，測驗中的小五金圖形，根本就是設定來混亂我們的眼睛知覺、欺騙我們眼睛知覺的例子。事實上，這些東西根本就不可能存在的。可是，當我們看了之後，就拚命的想搜尋我們日常生活中常見的東西，期與它們吻合。另外，看的人的視線位置不同，也會產生截然不同的印象。再者，諸如此種不合理的曖昧圖形，有兩種傾向。

⑴由於知覺困難，誤認為錯覺。如小五金圖形的測驗，由於知覺的不能體驗，就以為錯覺。

⑵若我們同時去思考兩個不同的形狀，就會被知覺認為是可能的東西。例如：用某一種方法，我們看它是⒜圖，採取另一角度看，它又成⒝圖時，那麽，⒜⒝二種東西就會被知覺為共存的。

黑點的死角

被畫在此立體中的黑點Ａ，究竟是在立體的哪一個面呢？

(1)在(a)面。
(2)在(b)面。
(3)浮在立方體中。
(4)不知道。

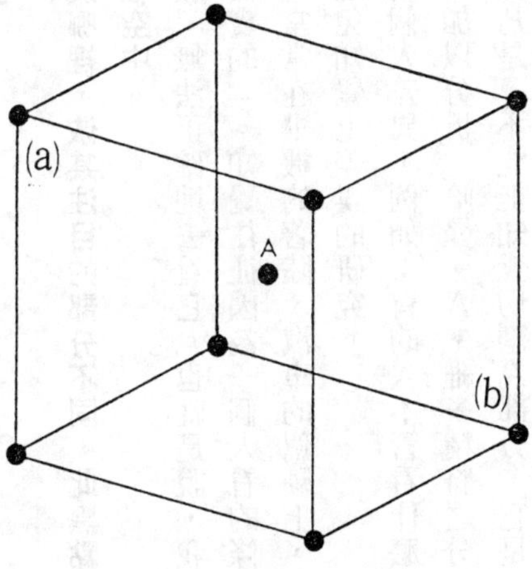

你的知覺正常嗎？

正確的答案是(4)。此端視看者的注意力集中於哪裡，依其注目的部分不同，此黑點(A)可說，看起來是在(a)面，或(b)面，也可說是飄浮在空中。

〈解說〉當我們看一個圖形時，常常像這樣般，無法正確地去看它。也就是說，我們很容易犯下錯誤。「眼所見的東西，不一定就是真實的」。知覺往往因為一個人看的條件不同，而有不同。如此般的，人在知覺上的差誤，常常在飛機的著陸、汽車的駕駛上，引起這類的判斷上差誤，所以，近來人們非常重視避免知覺上差誤的研究。

人類的知覺，也因「知覺之型態」而有很大的個人差異，例如：有的人不管看什麼東西都大而化之，而有的人卻總是觀察非常入微，並加以分析。哈曼•A•維多精將之分為「場依存型」和「場結構型」兩種。場依存型知覺乃是，不能把知覺切割為部分，它是一種綜觀式知覺的類型，而場結構型知覺，是就細微的每個點來加以注意，它考慮到各種要素，是種能分析、判斷的類型。兒童和女性較屬於場依存型的知覺，男性則較傾向於場結構型的知覺。

奇怪的水族館

各種魚類優游於海藻繁茂的水中。

然而此幅圖畫卻有著極大的錯誤。請在十五秒鐘內發現它。

（請把本圖橫著來看）

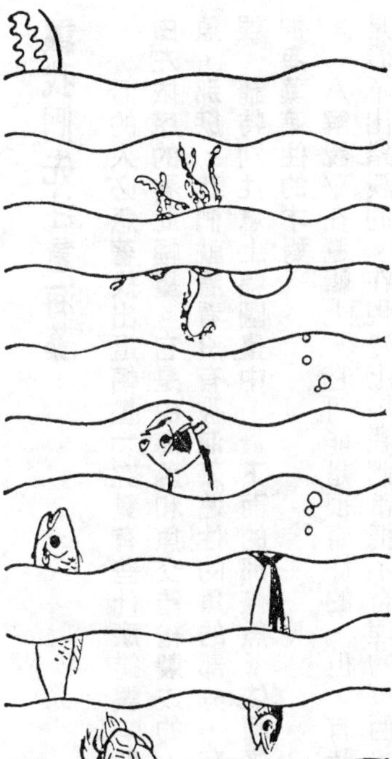

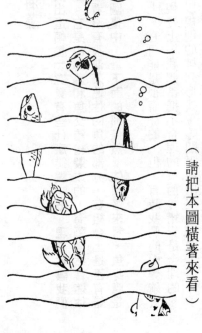

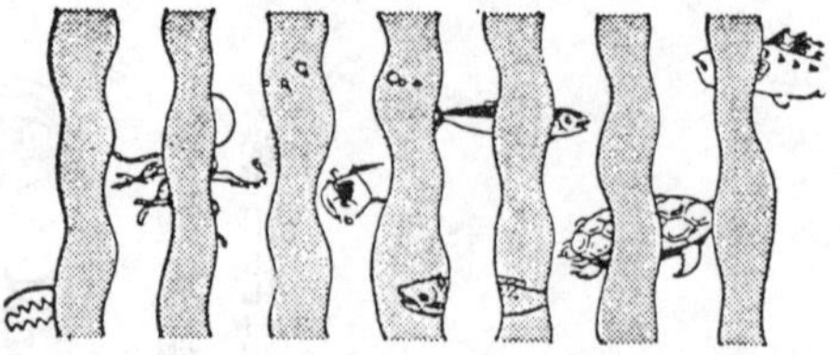

讓我們先注意海藻……

看的人必急著找出這幅畫「究竟有些什麼錯誤」吧。現在就讓我們由左依序的看此幅畫。它是由海藻和魚交錯繪製成的，海藻當然會遮住魚，那麼，我們就看看沒有被海藻遮住的魚的部分，在組合上是否有錯誤。請特別注意上幅圖畫中，最下面的那條魚。依順序來看，魚身應是被海藻遮住的才對。

〈解說〉在邏輯上，它可能是很奇怪的，但，有時我們的視覺確實是看不出錯誤的。在視覺上，我們常把不合理的東西，錯覺是合理的。如上幅圖畫，海藻是以規則的排列形式，等間隔地出現於海中，這樣子很容易引起視覺的混亂，讓我們犯下錯誤。此種視覺上的混亂，常被利用於偽裝上，動物的保護色就是一種。

茱莉安‧E‧荷巴特曾說：「廣告、宣傳、或以吸引人為目的時，我們就努力的呈現自己吧！若是在有敵意的人面前，我們就要努力的隱藏自己，讓他們看不到。」人具有易犯知覺上差誤的盲點，而此，也正符合上述所說的兩個目的。

看不到的立方體

這兒所畫的立方體，究竟有幾個？請仔細地數數看。

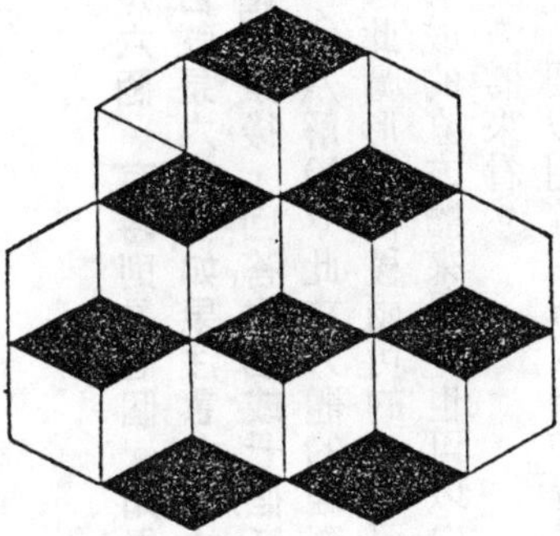

正確的解答是六個或七個

此立方體圖形數目，有時看起來是六個，有時則是七個。如果我們的注意力是放在，最上排的黑色菱形的話，立方體的數目就是六個，如果注意力是放在第二排白色菱形的話，立方體的數目就是七個。因此，正確觀察後，回答六個或七個者都對。

＜解說＞此立方體的觀察方式之所以有兩種，乃因此圖形是模稜兩可的。它可以以塗黑部分為中心所形成的立方體來看，也可以白色部分為中心所形成的立方體來看。

要以明確的方式來知覺模稜兩可的東西時，可以運用各種不同的法則。如此圖形，我們可以以白色的一面來考慮，或相反的以黑色的一面來考慮，而此種現象，我們就稱之為「反轉錯視」。這類的反轉錯視，因人有時很快的被發現出，有時則較慢被發現出。本頁上圖的鳥和波浪的圖之中，也會發生這樣的錯視。當我們把注意力放在黑色部分，或放在白色部分，鳥和波浪的數目各會有所不同。這三個圖形，就是產生反轉錯視的例子。

向右轉或向左轉

如果你是下面所繪之展覽會場的主辦者。你認為一般人進入此會場時，會往哪個方向走去的傾向較強呢？若要以箭頭揭示會場的進行方向，你會怎麼畫？

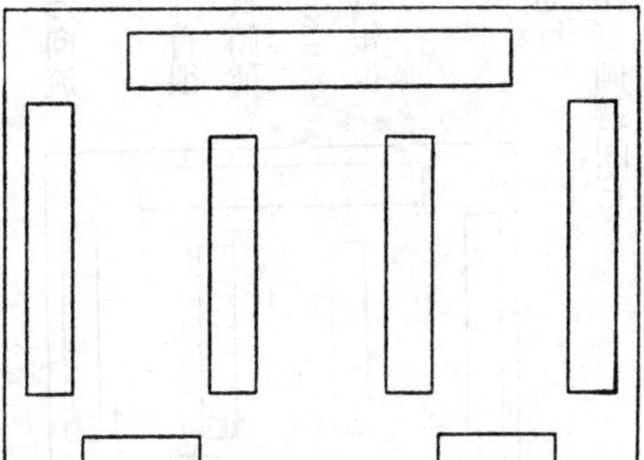

人都有「朝右流向」的習性？

在入口處做一向右進行的指示箭頭，人就會往逆時鐘方向流動。

＜解說＞針對某種場所、房屋、通道，人的流向之研究有很多。人的流向，往往隨當時的狀況而有一定的流向型式，我們稱之為「Traffic Pattern」（交通型式）、或「Follow Pattern」（後繼型式）。在日本，這方面的研究也有許多，根據調查報告，室內的步行傾向，常因入口的位置而決定。

下面是些與此有關連的問題，請仔細想想。

①車站的樓梯，通常是易向右側通行？還是易向左側通行？

②眼睛突然急駛一輛車來，你會往右側避開它？還是往左側避開它？

③攣生的兄弟姊妹，排排站時，究竟是兄站在右邊？還是弟站右邊？或姊站在右邊？還是妹站右邊？

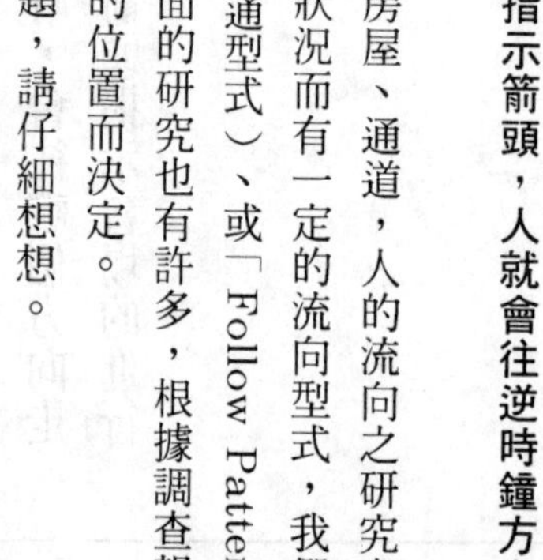

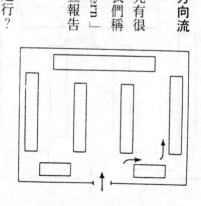

④在賽馬場或賽車場上，馬或汽車究竟是向右轉？還是向左轉？

能夠馬上回答上述各問題者，必是觀察力相當佳，或是很徹底瞭解人類習性的人。

①車站的樓梯、或從車站往出口去的通道，朝左側通行的傾向較強。有的會特意做一朝「右側通行」的標示，可是往左側行進的人仍佔多數。據說，此習性乃是因電車的行進都是向左側通行所養成的。鶴田正一先生曾就大阪醫院附近的某天橋之通行狀況，做一調查，結果，在六二六個行人當中，由右側步行的人有一五二人，由左側通行的人較多。

②如果眼前突然急駛一輛車來，一般人會反射性的往左邊閃躲。（請參考森林散步道的測驗）

③不僅是孿生子，一般說來，站在右側的常擔任發言的角色。

④一般人都認為，賽馬場一定都是反時鐘方向，也就是向左轉來設計。但是，事實上，向左轉向右轉的設計都有。向左轉的較少，如東京、中京、札幌是向左轉的，小倉、阪神、京都、新潟、中山、福島、函館的賽馬場，是向右轉的。一般說來，馬在放牧的狀態下，有向左轉的習性。至於賽車，則都是向左轉。

買房子的條件

很多人都是看了不動產的廣告而去買房子的。下面有三個推薦房子的廣告。如果是你，你會選擇哪個廣告去買房子呢？

淡大前

機會難再

距車站三百米 最佳豪邸

地34 附和洋三房

屋齡新 有車庫

不二價 一千萬惜讓

①

淡大前
徒步二十分鐘即抵車站，屋齡七年
附和室、無天然瓦斯
因工作調動　急讓一千萬

②

淡大前
近車站、視野極佳、捷足者先登
和洋三房、有浴廁、天然瓦斯可
環境格調高　廉讓一千萬

③

內容完全相同

看了此三個廣告，大部分的人會對①的房子最感魅力，對②的房子最不感興趣。

但是，再仔細看看廣告內容，根本就大同小異，無啥大差別。

①的廣告上雖寫地有34，但其以米來表示與車站的距離，因此，或許它實際上的坪數只有十坪，廣告上又寫有具和洋三房，可見此房子不大。

也或許此房子的真實情況是這樣：距車站三百公尺，但，它可能是建在高山上，需繞很遠的路，爬很多的石階才能到。如此一來，雖距車站只有三百公尺，但走起路來，卻需花二十分鐘。而③的廣告寫其視

野極佳，其實就是意味著上下極不方便……，對不對？

②的廣告上寫屋齡為七年，這與①的廣告「屋齡新」來表現屋子狀況是一樣的。②寫無瓦斯就不如①寫上「有車庫」來的好，因為「有車庫」，就給人其他的設備很完善的印象。

③的廣告上寫「有浴廁」、「天然瓦斯可」。「可」，意味著可以有天然瓦斯的設備，其實這是一種沒有天然瓦斯而給人較好印象的方式。

總之，同一房子的廣告，因其寫的內容而給人完全不同的印象。怪不得很多人買了房子後，都覺得上了「廣告的當」。

■有趣的點子

在買賣上佔便宜的小點子

東京澁谷的S食堂經營者，因買賣股票、土地，累積了龐大財富而著名。他買土地，從未吃過虧，因為，他在買土地時，有一套很特別的方法。當不動產經紀商向他推薦很有價值的土地時，他一定會選個下雨天，去看那土地。同時，他也一定不會忘記，隨身攜帶一本支票簿。

為什麼他要選在下雨天去看呢？

這是有理由的。大抵不動產經紀商，欲推銷一塊土地時，必會將之「修飾」一番，如：整地、作圍欄、豎立沒有電線的電線桿，或把道理舖上細石子，總之，他必會做各式各樣的「修飾」。

如果是在晴天去看那土地，一定會比平時看得順眼的多。但，如果是在雨天去看土地，他也許就能看到滿地砂石、滿路泥濘、到處積水等缺點。

也就是說，他在土地最差的狀態下去看，就不必擔心受不動產經紀人的騙了。面對土地惡劣的狀況，在價錢的交涉上，也較易讓對方照自己的意思來談條件。

又，隨身攜帶支票簿，有利於當天就可打契約。不論是誰，只要你拿出錢，願意和對方訂契約，多少會使對方讓些步的。

更何況，在下雨天裡，這塊欲售的土地之缺點，到處暴露，此時你若有微詞，對方也無詞以對。此時，你再拿出錢來，對方自然由你牽著鼻子走囉。簽約後，他再後悔，也來不及了。

不論是做生意，或一般的工作，若真正想要賺錢，就應像此經營者，好好的動動腦筋，多想些好點子。

表情和顏面的盲點

人的脾氣常有各種各樣的盲點，同樣地，人的表情和臉上，也具有很多心理上的盲點。

請看看下頁的蒙娜莉莎畫像。

此為著名的達芬奇所繪的蒙娜莉莎的微笑，它也是舉世聞名的名畫。

但是，仔細看此四幅蒙娜莉莎的畫像，不難發現，它們給人的印象各不同。你覺得哪幅的蒙娜莉莎最有魅力？

(A)

(B)

(C)

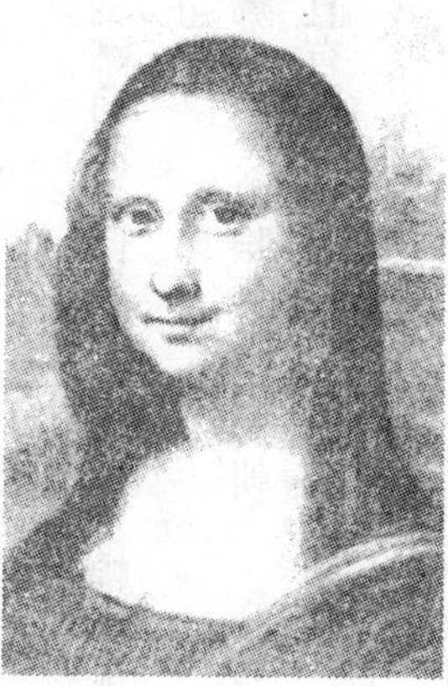

(D)

人的顏面有許多盲點

〈解說〉四幅畫之中，只有一幅是真正的蒙娜莉莎微笑，其他的三幅，皆經過修正。(C)的蒙娜莉莎，給人很強烈的印象，絲毫不屬於悲哀的類型。

(B)的蒙娜莉莎，讓人略覺冷淡，(D)的蒙娜莉莎，則具有孩子氣般的天真無邪，總之，它們予人的印象，各不相同。

真正的蒙娜莉莎畫像是(A)，其他三幅，都僅在眼瞼的地方略做修正。

(C)的蒙娜莉莎，眼瞼有點稍微朝上，(B)的蒙娜莉莎，眼睛較小，且有點凹的感覺。(D)的蒙娜莉莎，則是被畫有一雙大瞳仁。

單把眼睛的表情稍作變化，就可改變顏面所給人的印

象。看了(A)的蒙娜莉莎之男性，與看了(D)的男性，所得到的印象是完全不同的。

與人初次見面時，我們通常會經由對方的面貌、表情，來判斷對方的人格。

不過，誠如此實驗所示，人的面貌之中，常有著許多心理上的盲點。如：光憑眼睛的形狀，就會改變了我們對一個人的印象。

有許多人在找工作，接受面試時，非常重視第一印象，然而這與觀察者的技術和知識上的差異有很大的關聯，其結果自也有很大的差異，因此，在這方面，我們應多加注意。

人的面貌，最易予人不同印象的，就是眼睛，隨著眼睛大小和形狀的不同，其給人的印象就有相當大的差異。

如：(D)的蒙娜莉莎臉上有一對又黑又大的眼睛，對其

面貌就有很大的影響力。

一般說來，眼珠子愈大愈予人一種開朗、溫和的印象，予人一種很純潔的感覺。這和小嬰兒的面貌總給人「很可愛」的感覺，實受有雙大大眼珠子的眼睛之影響的心理效果相同的。⒝之所以予人一種「鬱暗」的印象，和其眼珠子看起來小小的有關。

在人相學上，眼珠子小小的眼睛稱為「三白眼」，是屬於不好的人相。一般認為，眼珠的神采，因各人的心理狀態而有不同的變化。

根據美國芝加哥大學艾克巴特•H•海斯的實驗得知，就算眼珠子的大小一樣，由於觀者的不同，其所顯示出的明朗度也不同，在一個有好感，或感興趣的觀者眼中，此人的瞳孔可能變大的，可是換了另一個對他沒有好印象的人，此人的瞳孔就可能被認為很小。

在此實驗中，他們使用「嬰兒」、「母親和嬰兒」、「男裸體像」、「女裸體像」、「風景」五張相片，讓男女來看，然後檢視觀者瞳孔變大的程度。結果發現，男女有如下的不同。

〈瞳孔大小的變化〉

（照片）	男	女
嬰兒	0%	18%
母親和嬰兒	5%	25%
男裸體像	7%	20%
女裸體像	18%	5%
風景	1%	7%

由此實驗得知，女性在看嬰兒和男裸體像時，其瞳孔會變得比男性大三倍以上，相對的，男性在見到「女性裸體像」時，才會變大且有神。

這是一張在做著什麼的臉？

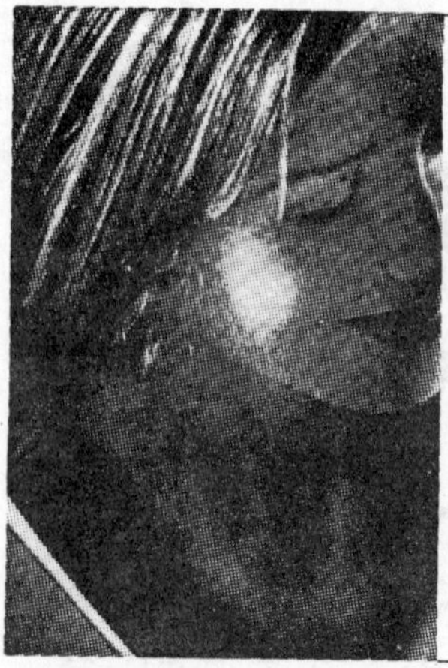

請先看左邊年輕女性的臉部照片。她現在究竟在做什麼呢？從她瞇著眼，看起來很快樂的樣子，大部分的人都會反射性的認為，此張照片的空白部分是「男性」。

東京的八十位大學生，在接受此項測驗時，有很多都認為是在跟「男朋友情話綿綿」，或「接受男性的愛撫」。

那麼，下頁相片中的女性，又究竟在做什麼呢？空白部分應是什麼呢？

請從下述答案選擇其一。

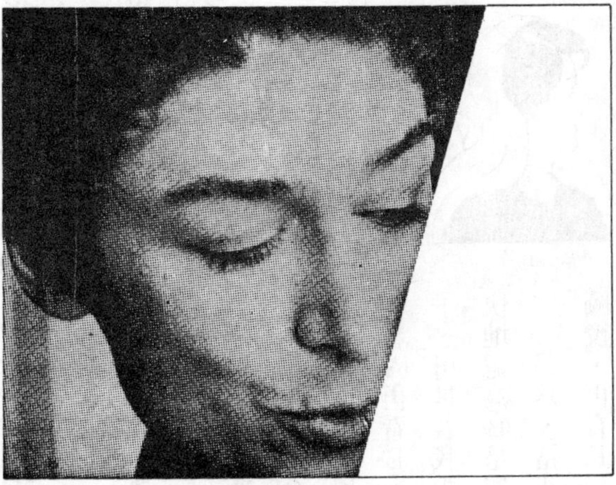

①男性。
②狗或貓。
③嬰兒。
④另一位女性。
⑤花。

多半的人會答「男性」，不過……

由於受了第一張女性照片的暗示，在看下一張照片時，有很多人就會答「男性」。如果光是讓其看後一張照片的話，或許就會出現各種聯想，答「男女照片」者，實已受到固定觀念的支配。

當我們判斷一件事物時，往往會受到先入為主的觀念所左右。

A

B

例如：就以上面三幅畫來看，當我們先看(A)再看(B)，就會猜想(B)大概是年輕女子，可是若我們先看(C)再看(B)，我們會很快地認為(B)是個老太婆。

另外，當我們看了下圖(D)男女談話的圖後，再看(E)，我們會傾向於去判斷，背

D

C

對著我們的椅子上，坐的是個男人。

在日常生活中，我們不知不覺的會有此種經驗，也就是說，會做這一類的錯誤判斷。

如果我們要開發自己的創造力和構想力，就必須先讓自己避免受這類的「習性」，或過去的知識左右我們的判斷。

梅爾認為，解決創造性的問題有兩種方式，一是因循習慣；另一是不受習慣拘束的方法。

老實說，前一頁照片中的女性，其實抱的是一隻「貓」。

直覺地便回答，照片中空白部分是動物的人，通常有愛好動物的傾向。另外，答嬰兒者，若為女性，尤其是期待「生子」的人，易做此判斷。

E

你的觀察力準確嗎？

這十四張面貌照片，是美國心理學家S．W．庫克用於實驗中的照片。他讓同一所大學中同年齡的男女，梳著同樣的髮型，穿著同樣的衣服，拍下這些照片。現在請你仔細看這些照片，回答下述問題。

(1)哪些照片是女學生？

(2)請推測學術成績第一名到第五名的人。

第1名——（　　）

第2名——（　　）

第3名——（　　）

第4名——（　　）

第5名——（　　）

(3)最沈默寡言的學生是哪位？

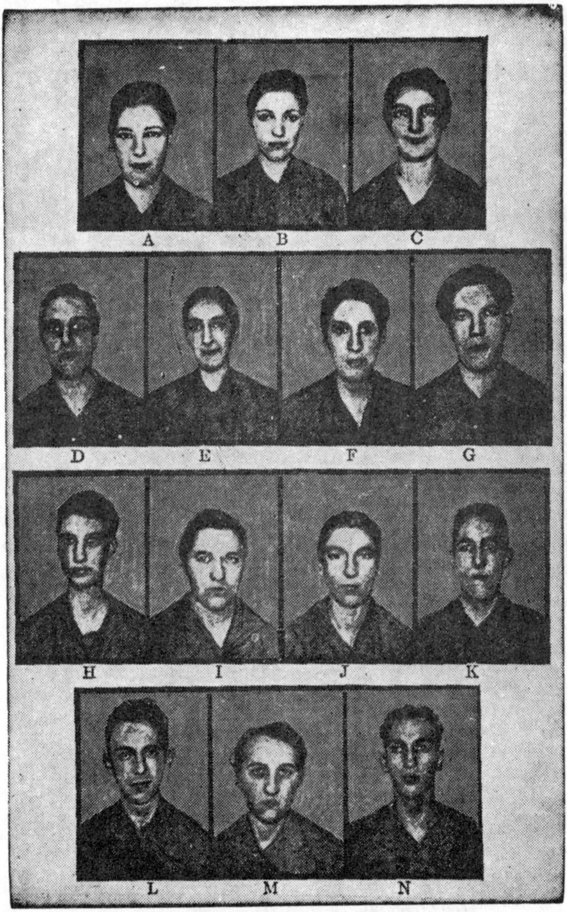
A
B
C
D
E
F
G
H
I
J
K
L
M
N

「男」的只有四位……

1只有G、K、L、N是男的，其他都是女學生。

2第一名是M、第2名是N、第3名是E、第4名是L、第5名是G。

3B和G是最沈默寡言的學生。

＜解說＞全部答對這些問題，幾乎是不可能的。愈是對面貌判斷有自信的人，錯誤愈多。當這項測驗被用在美國的八十八位一流經營者的身上時，產生如下的結果：被判斷最優秀的面貌是E，事實上，成績第一名的是M，可是他得到的平均評價卻是8.5名，成績最差的是C，可是他被判斷的成績卻是第5名。平均答對的比率是百分之二十五，由此可知，在判斷上有很大出入的。為什麼會有這樣的結果呢？

首先，我們要知道，當我們判斷一個人時，通常是根據這個人的服裝、姿態、所擁有的東西，以及談話的方式，來做一個綜合式的判斷，而比較少僅憑面貌就驟下判斷。因此，當我們僅憑照片來測驗時，由於每張照片中人物的髮型、姿態、服裝都一樣，所以只能憑面貌去判斷，故，各人所做的評價就有千差萬別了。換句話說，當缺少判斷線索時，人們所做的判斷就會顯得很武斷。由此可見，人的判斷多麼容易發生錯誤。為了避免發生這樣的錯誤，就必需注意如下事項。

①必需具有對人的面貌和表情的正確知識。

②應排除先入為主的觀念，不要讓其支配我們的判斷。

■有趣的點子

從消沈中振作起來的要訣

人之所以消沈的原因之一是，喪失冷靜的判斷力。當情況順利，頭腦冷靜時，能輕鬆地迎刃而解所面臨的問題，但當頭腦不能冷靜時，即使是小問題，也往往不能去面對它、解決它。在此，先請診斷一下你的判斷力。

〈測驗1〉

一位少女，進入森林裡。突然，一隻獅子跳了出來。可是這名少女卻毫髮無傷。為什麼？

乍看此文章，你可能無法馬上說出理由。現在且讓我們來做思考上的訓練。一談到在森林裡遭獅子的襲擊時，通常一般人的想法是，不可能毫髮無傷的，這也可謂是種常識。但是獅子也有大小呀。若跳出的是隻還在吃奶的小獅子，那又如何呢？當然是不會受到傷害呀。我們不應受獅子這個字眼的迷惑。現在讓我們用同樣的方法，來想想下列問題。

〈測驗2〉

有一長十公尺的梯子。一個男子從此梯子的第八階跳下。卻毫髮無傷。為什麼？

請你仔細地想想。長十公尺的梯子當然是很高的。而從第八階的高度跳，其情況會是如何當然不難想像。但是，此想法有一盲點。此人為什麼不會受傷。因為梯子不是直立，而是橫放在地面上的。

〈測驗3〉

田中三郎三十五歲，有一女兒。有一天，他帶著孩子去散步，湊巧碰到一個十五年未曾見面的朋友。他也帶著一個女兒。

「你也有一個這麼大的女兒啦？」

接著，田中就柔聲的問這個女孩：

「小妹妹，你叫什麼名字？」

「和媽媽同名。」

田中雖未曾被告知這個女孩的名字，卻馬上就知道了。

為什麼田中馬上就知道了這孩子的名字呢？

乍看之下，可能不容易明白。不過，我們再好好地把這篇文章唸唸看。文中說，田中三郎馬上知道，十五年未見面朋友的女兒之名字。他既不曾見過這女孩的媽媽，怎麼會知道女孩媽媽的名字。文章中的「朋友」就是盲點所在。如果這個朋友是個女的，且是這女孩的媽媽，那麼，不就一切明白了嗎？

〈測驗4〉

太郎是個非常早熟的孩子。打從小學的時候就和花子要好。他倆曾在學校裡的一棵樹上，並排刻下自己的名字。二十年之後，兩人果真有情人成為眷屬了。有一天，兩人攜手回到母校，尋找刻有兩人名字的那棵樹。

他們抬起頭來看樹，結果都吃了一驚。因為他們找不到刻有深痕的兩人名字。為什麼他們找不到樹上所刻的名字呢？

雖經過二十年，但刻在樹上的名字，通常仍會保存下來，但為什麼這一刻，兩人竟找不到他們的名字呢？文章中的「抬起頭來看樹」之處，就是關鍵所在。

小學時的他們，個子一定是小小的。現在的他們，已成人結婚，個子必比小時候高很多。所以，當他們抬起頭來看樹，當然不會看到自己的名字。他們的名字一定是刻在樹的下方。所以，他們抬起頭來看樹，怎麼會找到自己的名字呢？

＜測驗5＞

一家專門製造白床單的廠商，因為生產過剩，庫存堆積如山，若沒有將庫存的床單銷出，工廠就有面臨破產的危機。

但是，這家工廠卻憑著一個妙計，安全的度過危機。究竟用的是什麼妙計呢？當然，他們並沒有拋售床單，或移做其他目的使用。他們甚至以更高的價錢賣出這些床單。

解決的方法非常簡單。在今天這種方法已經是非常普遍。以前人們所使用的床單，幾乎是白色的。此位經營者，重新把床單印上花樣，或染上顏色，或做有直條紋的床單，再拿到市場上出售。此一構想獲得極大的成功。本來不喜歡白床單的人，看了這些花樣，或顏色鮮艷的床單，紛紛掏錢購買。

〈測驗6〉

推銷員田中，到烤鳥店吃烤鳥肉，他邊吃著鳥肉，邊動起他那擅於推銷的腦筋，他想著應用什麼主意，來向烤鳥店的老闆推銷。烤鳥店最需要的是什麼？且是不需花大資本就能賺大錢的，他想到了。他所想到的究竟是什麼呢？我可以給個提示，田中先生是在貿易公司上班。

推銷員的腦筋是無所不用其極的。田中一面嚼著烤鳥時，一面就看著串烤鳥的竹籤。日本的烤鳥店每天所消耗的竹籤，數量相當龐大。竹籤的製造既費時又費力。如果從中國大陸輸入，一定能賺大錢。這就是他當時想到的東西。事實上，有很多人就是因為每年從外國輸入烤鳥的竹籤到日本，而賺取數億日圓。

〈測驗7〉

一個抱怨廚房太小的主婦，問你這樣的問題。「我很想在廚房裡擺個櫥櫃，可是廚房實在太窄了，根本擺不下。可是我的一些餐具都沒處放，能不能告訴我，有什麼方法在狹小的廚房裡做個櫥子？」

如果是你，你會提供什麼意見？

數年前此問題，在很多的社區裡，就已獲得解決。方法是從美國傳過來的：在牆壁上鑽許多洞，然後釘上板子。

這個構想，以往沒有人提起過，在木板開洞處，裝上金屬掛鈎，然後把餐具、茶杯等器物掛上去，不就省了很多空間嗎？

第二章
個性測驗

DO YOU REALLY KNOW PERSONALITY?

奇異的世界

前頁的畫，是M・C・艾夏著名的作品。看了這幅畫，你有沒有發現哪裡不對勁呢？

「哪裡有什麼地方不對」，恐怕很多人看了也搞不淸楚吧。當然，也有很多人看了會指出哪裡不對勁，因而洋洋得意吧。

另外，也有些人仔細地觀察各部分後，非得從中找出不對的地方，可是，看來看去，終究找不出其錯誤之處。

就像這樣，同樣的一幅畫，看這幅畫的人往往會有不同的反應，且因個性之不同，而有不一樣的發言。性格之不同，也會表現在看畫的態度上。這幅畫所描繪的是不可能有的狀況，亦即，是現實中不可能存在的一種狀態的畫。讓我們來看看，流經水車的水，究竟會流向哪去呢？不管它怎麼流，水總是循環著。總之，這是一幅水平與垂直混合所形成的一幅畫。

以下的測驗就是要你在面對此類狀況時，從所做的反映中，來發現自己的個性。

對名片的感覺

現在我們要為如下頭銜的人製作名片。你會替他做何種型式的名片呢？

公司＝東日本土木株式會社

名字＝營業課長　山木五郎

住址＝東京都新宿區早稻田町四十九

電話＝二〇二—四八九五番

橫式名片

直式名片

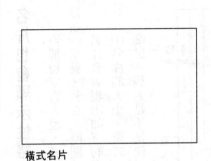

名片也會顯示性格

〈解說〉有人說，名片最能顯示出擁有者的個性。初見面時，人們相互遞出名片，光是這一舉動，其在人際關係上所擔負的作用，實比想像還大的多。

名片會表現出如下的事情：

⑴名片的大小、型式，在在都能夠表示一個人的態度是保守？還是進步？

⑵從一個人是不是使用個性化的名片，就能看出此人是否有創造性。

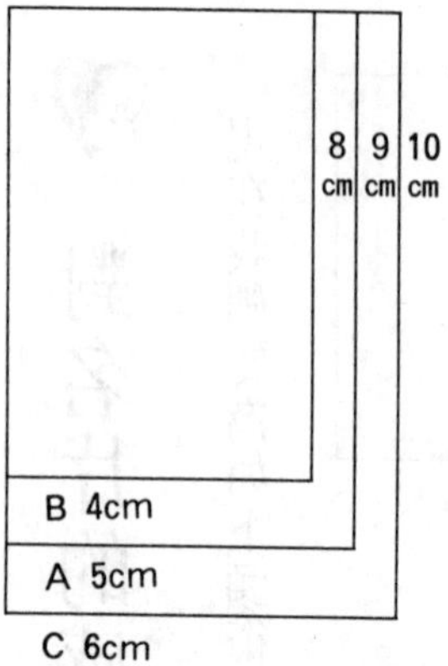

⑶由名片也能明白，自己是否能「說服」對方，接受自己對人際關係的態度。

一般人所用的名片大小就如(A)圖一般，橫的為5公分，直的為9公分。在特殊的情形下，也會使用像(B)或(C)大小的名片。女性通常是用(B)的型式，至於(C)，通常是想誇示自己的地位、職位，或特別想獲得別人的高評價的人，會採用這種大型名片。有一中小企

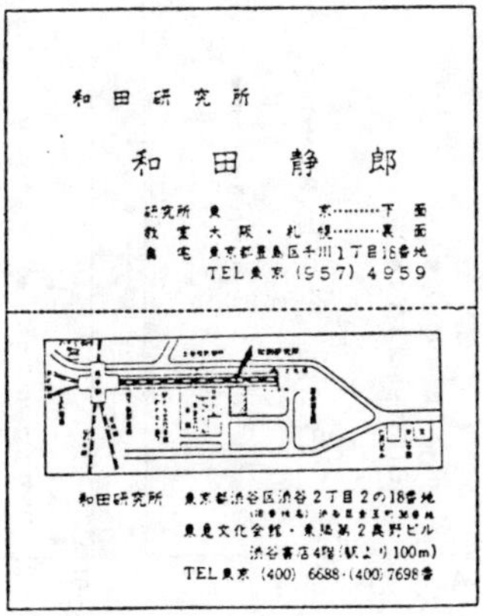

業的老闆，乃子承父業，也就是，此位第二代經營者，在其父親一死後，馬上改用此種大型名片。有的人所使用的名片，甚至是普通名片的兩倍大，然，這也是非常特殊的例子。

名片上的字及版面設計，也都會表現擁有者的個性。

⑴直寫的名片

(A)傳統型

(B)偏左角型

(C)變化的直寫型

⑵橫寫的名片

(D)傳統型

(E)加有橫線之型

(F)偏下方的橫寫型

(G)變化的橫寫型

名片的型式可以分成以上七種。

(A)的傳統型 公司用的，大都是用在正式場合，或是必需讓自己的行動符合類型的時候使用的。如果把這種類型的名片也做於個人名片的話，這個人一定交際甚廣，且給人的印象相當好，大抵是個舉止不違常識之人。

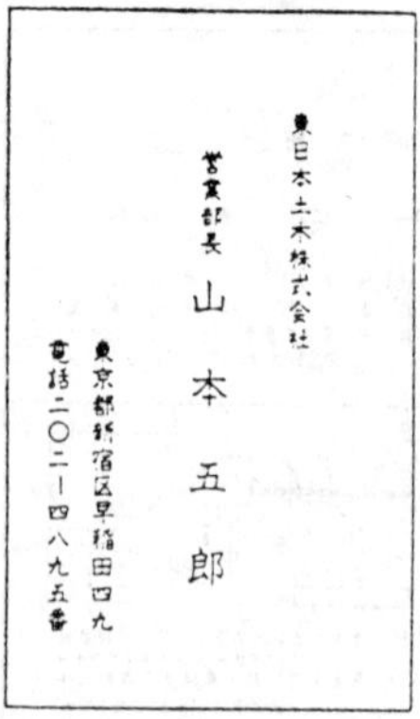

A

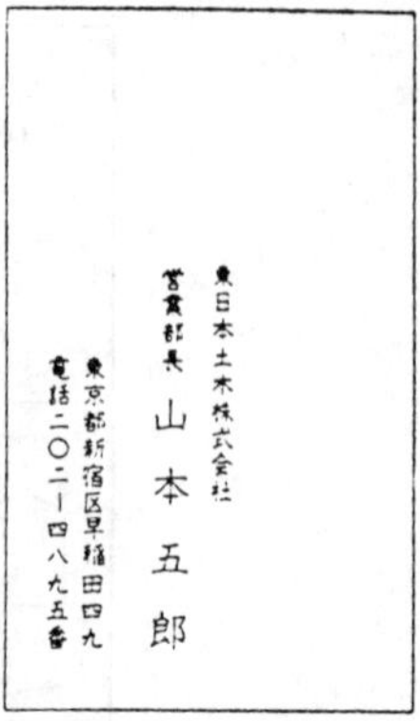

B

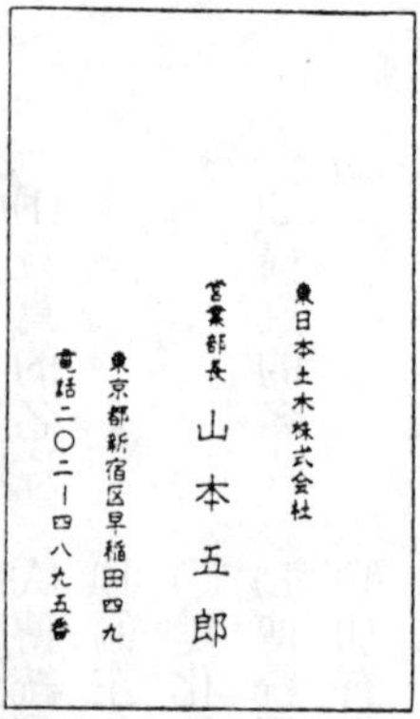

C

(B)把文字印得偏左的名片 用此種名片者，大多是推銷員，或從事與外國人有關的職業，因為，名片的右邊必需留空，以便寫自我介紹的文字，或傳言等。某技術顧問用的就是這樣的名片，完全發揮了此種名片的作用，有時，也可把與商業有關的名言印在名片上，此種構想完全發揮了個性的傳達效果。這種名片會讓拿到的對方，覺得你很了不起而非常感動。它也會製造一種，名片主人智慧水準很高之評價的效果。

一般說來，偏左印的名片，會很委婉的讓對方感受到，名片主人好自我表現的性格，給人一種較女性化、和靄的印象。感情較敏感的人使用的較多。

(C)變化的直式　名片上的文字都集中在右上方、或下半部，這種名片顯示了它的主人

D

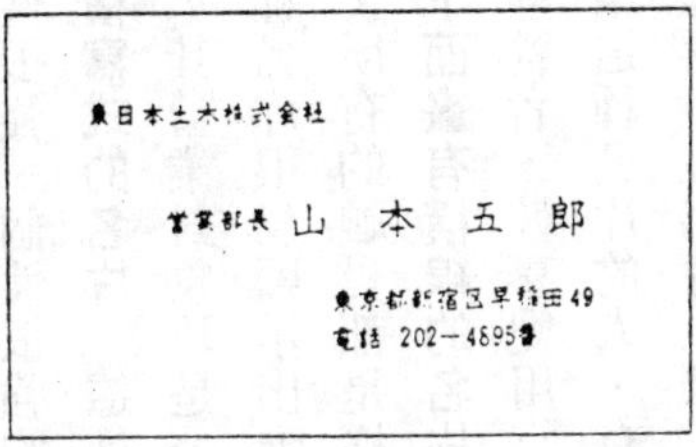

E

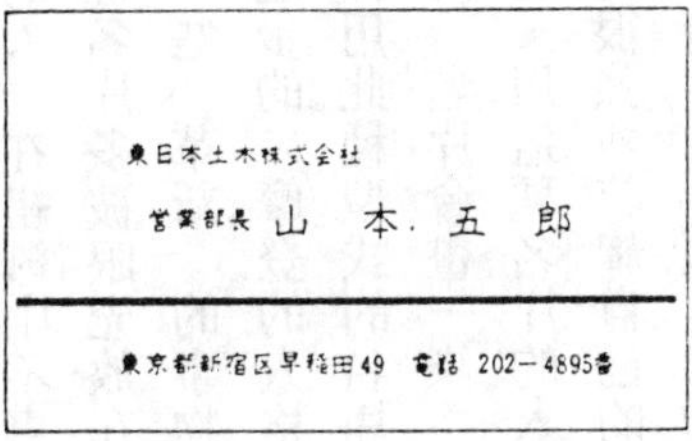

F

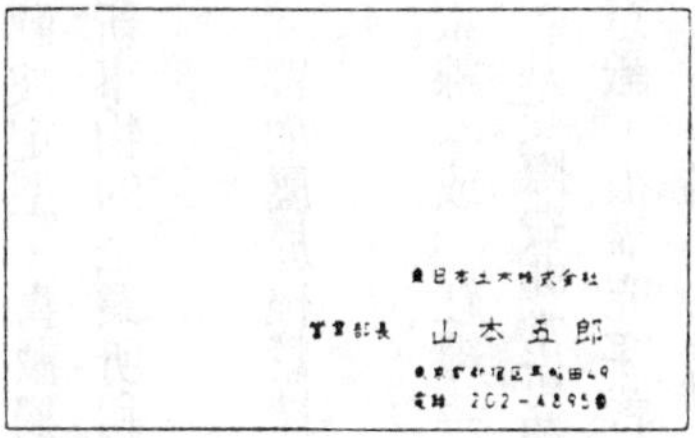

G

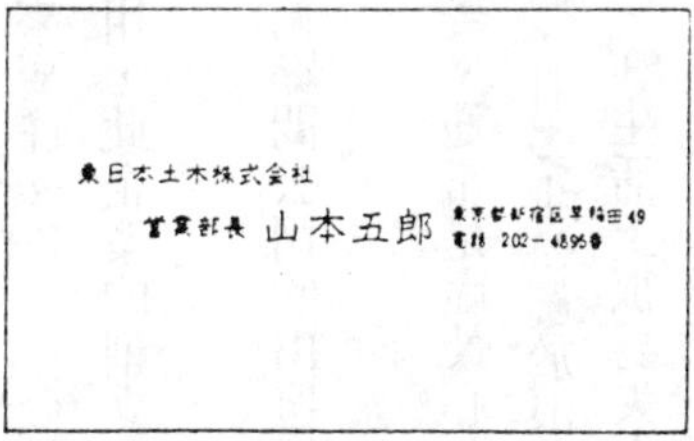

是細韌性很強、個性很強的人，在組織中不喜歡被定型，喜歡獨來獨往。

(D)橫寫式的名片　這種名片多被眼光放在新事物的企業所利用，此企業的創立時間必不太久，其營業對象乃是一些「革新」的事物。

這種名片很易顯示出進步的、摩登的人格。譬如屬於經營技術顧問公司的田邊經營株式會社，所有的職員都是採用此種型式的名片。

(E)下面畫有橫線的名片　名片會畫一條「銀線」或「紅線」等。通常是虛榮心強的中小企業經營者，較喜愛用它，用這種名片的人，其交際費非常可觀，且多半是屬於浪費的。

好用這種名片的人，有很強烈誇耀自己的意識，很講究穿著，在生活上很易失去平衡。尤其是喜歡在名片上鑲「金」、「銀」線的人，是屬於危險型，需注意的類型。這種人很少是經營成功者。

(F)集中在下半部、或右半部書寫的名片　喜歡用這種名片的人，乃屬於「保守的」自我主張型。這種人很希望能夠把自己的個性、喜好，傳達予對方，可是卻沒有勉強自己去說服對方的鬥志。大學生、美術學校的學生用此種名片的人較多。

(G)變化的　名片的顏色用白色以外的顏色，且名片上的文字排列也非常的有變化。用此種名片者，以設計師、美術研究家、廣告人為多。這種人不喜歡受一般常識的拘束，多屬「語不驚人死不休」的類型。

名片與性格、職業，大致有以上的關係。在商業世界裡，名片的構想與工作的成功，有著很大的關係。譬如：「住友銀行」的行員用的都是有色名片，他們的名片就是所謂的「藍色名片」，此乃很有名的例子。而，「藍色名片」也成為住友銀行行員的招牌。

據說，住友銀行的藍色名片，已造成如下的成果：

⑴客戶只要一接到住友銀行行員的名片，就會感到很親切。他們會說：「啊！這就是藍色名片嘛！」

⑵由於顏色，達到廣告效果。它可以很清楚的與別家銀行有所區別，與人深刻印象。藍色就成為住友銀行的代表色。除了住友銀行之外，利用名片給人印象深刻的點子，成功的例子也有不少。

除了這家銀行使用有色名片外，還有在名片上寫些生活的金言。

令人難受的面試

如果你去應徵一家大公司的工作，且接到通知，要你去面談。通知單上寫著：「面試當天請著學生服、戴學生帽、並攜帶一雙拖鞋」，當你來到面試的考場，被接待到如圖中所示的一個房間。於是，你脫下鞋子換上拖鞋進入房間裡，房間裡只有一位面試考官，他正坐在桌子後面寫文件。面試的考官只簡短的告訴你如下的話：

「把帽子掛在帽架上，脫下鞋子，坐在椅子上。」

說完便仍舊一個勁地做他的工作。

面對這樣的場合，你會怎麼辦？請在下面提供的方法中，選擇你將採取的態度。

(A)站在桌子旁邊，一直等到考官做完他的工作。

(B)謹慎的問考官：「對不起，這兒既無帽架也無椅子呀。」

(C)回答「是」後，卻不知如何是好。

(D)乾脆的向考官說：「對不起，房間裡既沒帽架也沒椅子，我該怎麼辦？」

(E)跑出房間找椅子來坐。

選擇(B)和(D)者較有可能……

這種鑑定人的方法，從前很常被用於公司的用人考試上。這裡所介紹的測驗，就是摘自美國陸軍心理學教科書「生活和工作的心理學」。

此種測驗很有趣，它可以做為判斷人的性格、或將來的方法。

判斷(1)　選擇(A)或(C)的人——順應性較強、個性溫和，幾乎不會有危險的言行舉動。但它也顯示此種人，將來較不具指導者的素質。此種人較適合做機械性的工作，如：計算、管理等，毋需做個性化判斷的工作。

(2)　選擇(B)的人——其反應方法與他人較不相同。他會設法讓對方知道對方的不合理，但他努力時，也會設想到對方（長官）的立場。這種人具領導性，有突破力。

(3)　選擇(D)的人——適合做營業員，尤其是推銷員，他具有積極伸張才能，朝既定目標努力的性格。

(4)　選擇(E)的人——具有做比說還快的傾向。很清楚知道，自己下一步該做什麼。多半是「愛出風頭」的人。

以現在的商業掛帥時代來說，最需要的是「B」和「D」類型的人。

＜解說＞日本的召募人才中心，以往曾對大學畢業生的採用考試做一實態調查，對象是八百三十家一流公司的面試。一般說來，面試時，是以性格、人品（八八・八％），意欲、熱誠（七七・一％），能力、知識（二五・七％），容貌、態度（一〇％），學歷、家庭環境（九・五％）的比例來評價。可見性格和人品，在面試時是非常受重視的。不過，近數年來，公司所要求的人品，已有相當大的變化了。

比起具有完美性格的人，他們較願採用一個多少有點問題，但將來其人格發展比較有可能符合公司要求的人，或者，具有尖銳的問題意識，擁有潛在發展能力的人。也就是，(D)型比較符合所求。數年前，只要在面試時，獲得高成績的人，將來就較有昇遷的機會。現在則不同，只要有能力者，就能脫穎而出，現今已是個能力主義時代，是個唯才是用的時代。一個人若不能發揮「自己的個性和能力」，盡量表現公司所求的才能，就無法符合公司的要求。在頻頻合併的大企業中，沒有能力的職員，即使是資深，也不能安於其位了。由於合併，有的被迫降職，有的被迫轉任，遇此悲慘命運的人不在少數。

(A)和(C)就是所謂的舊式推銷員，(B)和(D)則是新型的推銷員。

家屋設計

當你在郊外購一土地，欲蓋一幢房子時，此三種設計圖，你最感興趣的是哪一個呢？請在你喜歡的圖上畫○。

①

②

③

(1)房子外觀的特徵	
和洋折衷型	53戶
和式	34戶
(2)二層樓或平房	
二層樓	73戶
其他	27戶
(3)房屋的構造	
有會客室的房子	62戶
有客廳的房子	35戶
有書房的房子	25戶
有陽台的房子	83戶
(4)庭院及其他	
有草坪的房子	95戶
有車庫的房子	60戶

對「和洋折衷」與「草坪」的憧憬

＜解說＞在三個房子類型中，選擇②的「和洋折衷」和有「草坪」的二層樓房子，做為自己理想家的人，我們可判斷其是很希望出人頭地的人，且是具有推銷員、公司主管的性格之人。

一個人對房子的喜愛、興趣及服裝，往往可顯示出此人的性格，而領導階級型的人，其喜好則各成類型。

以前，朝日新聞曾登載一百個住在東京近郊高級住宅的人，及其房子狀況的調查報告，根據此調查報告得知，他們大多具有(1)所顯示的特徵。再者，此地區的居住者，平均年齡是五十歲，均為經理級的人物。

這些主管級的上班族，住的房子所予人的印象，最明顯的特色是：「和洋折衷」、「二層樓建築」、「有陽台」、「有草坪」等。換句話說，像⑵的房子是主管級人物較易選擇的房子。另外，一九八二年十一月，日本經濟新聞社，做了一次「住宅的建築實態報告」，它指出了如下的結果。

①住宅整體的外觀以「和式」為佳。佔三四・一％
　住宅整體的外觀以「洋式」為佳。佔六一％

②認為「和式」房間比「洋式」好。佔五三・九％
　認為「洋式」房間比「和式」好。佔三九％

③夫婦的寢室以「和式」為佳。佔六一・二％
　夫婦的寢室以「洋式」為佳。佔三三・六％

④每一房間雖小，但房間數目多較佳。佔一九・八％
　房間數目多少無妨，但每一間都要寬敞才好。佔七三・八％

據此調查得知，他們所喜歡的寢室是和式的，而房子的外觀則喜歡洋式的，也就是和洋折衷式的房子是他們最憧憬的。

若是喜歡①純和式類型房子的人，屬於比較不能適應時代的「怪物」。

喜歡③「洋式鋼筋」類型房子的人，屬於判斷較合理的合理主義者。而喜歡一六九頁測驗中的完全洋式化類型房子的人，則屬於自我主張型、凡事我行我素的人。

對怪物推理

⑴這幅畫，看起來好像是個怪物，不過，它是人在某種狀態下的一個姿態。

請問在什麼樣的場合下，人會變成這樣的姿態？

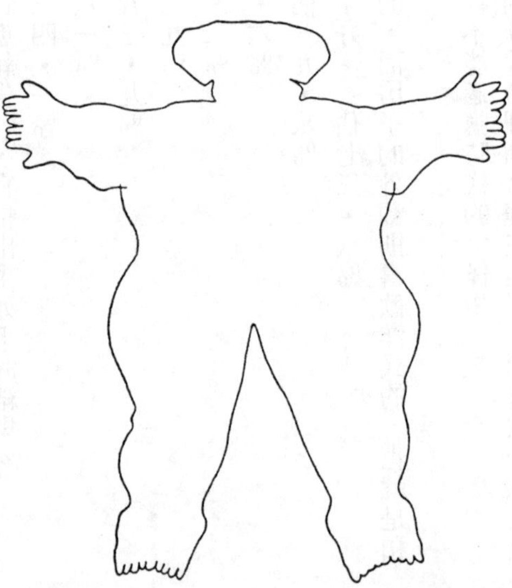

⑵請問下圖中，哪個圖是和台幣五元的銅板，同樣大小的圓。請勿拿出銅板比較，光憑腦子想想看。

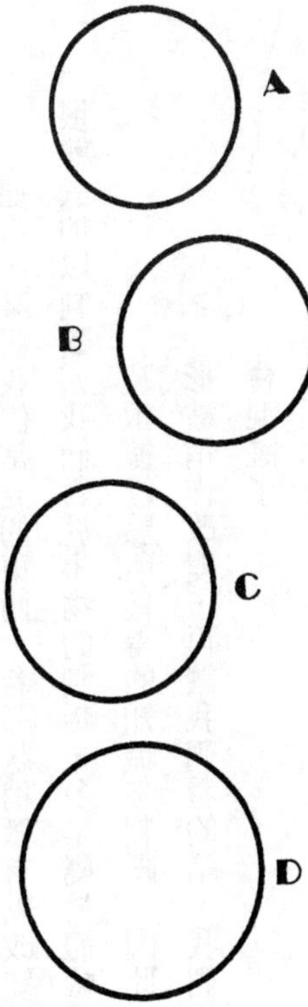

先入為主的觀念會招致失敗……

通常，某個我們常見的東西，若形狀稍微有點改變，我們往往就很難去加以判斷。我們對於事物的判斷，多半屬於體驗式的判斷，以及根據經驗所獲得的知識來判斷，因此，當事物的外形被稍作改變，再讓我們看的話，我們的判斷基礎就會混亂了。

前頁那一個做「大字形」的東西，其實就是人的一張臭皮囊，平時，我們可能從來也不會去想像，一個人被剝了皮後，會是個什麼樣子吧。因此，看了這幅圖的大多數人，都不會回答是個臭皮囊。

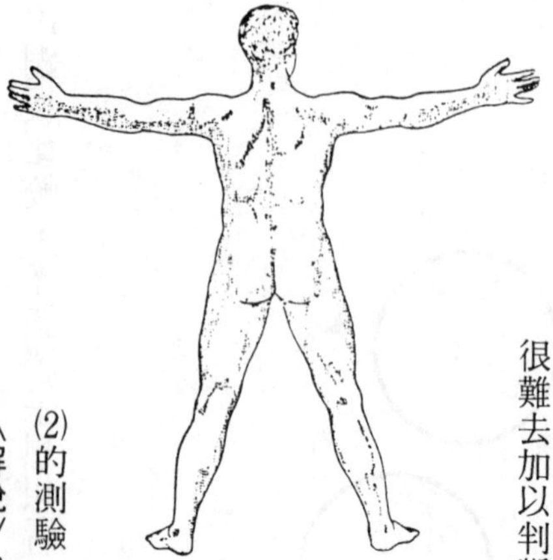

(2)的測驗，跟五元銅板一樣的圖形是C。

〈解說〉我們對於事物的判斷，所運用的大抵是：以體驗和經驗為基礎所形成的先入為主的觀念。因此，我們的判斷常會犯錯。當我們要去辨認哪一個是像五元硬幣大小的圓時，我們可能會選擇一個比實際大一點的圓，或者是，要我們指出哪一個圓像十元硬幣大小時，我們可能會選擇比實際更小的圓。為什麼會這樣呢？因為，在選擇時，我們的腦中就會對五元、十元的價值，存一先入為主的觀念。現在我們不妨在空白紙上畫一十厘米的平方正方形看看，然後再畫一個三公分平方的正方形看看。我們會發現，所畫的十厘米的平方正方形比實際的小一點，三公分平方正方形看起來就比實際的大一點。

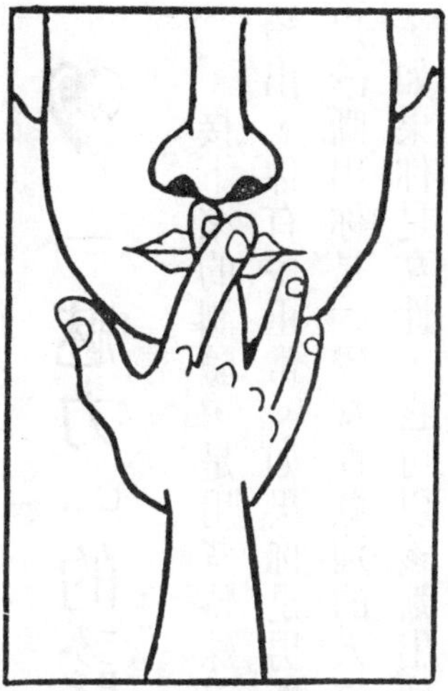

單只把事物的外表稍做改變，我們對它的判斷，就易犯下錯誤。現在請把左手的食指和中指，如圖所示般的相互交叉，摸摸鼻子。

這時，我們會感覺鼻子似乎變成兩個了。這就是所謂的亞里斯多德錯覺。總之，即使是一點點的小變化，也很易讓我們產生這類的誤差。

「魅力」的診斷

接下來的測驗，是用些特殊方法來測驗出，你有多正常。如果你是男性，它可以診斷出你是「受女性歡迎的人物嗎？」，如果你是女性，它可以診斷出你「在男性的眼中，是個有魅力的女性」嗎？

在開始做測驗前，請把如下的圖正放在你面前，並準備一隻筆。

（註：此問題不僅限一人作答，可兩人或三人交換來做。）

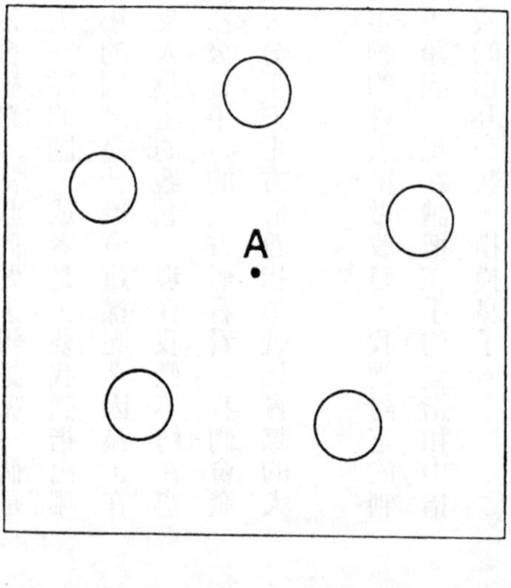

〈**方法**〉把鉛筆放在黑點的上方，但鉛筆不可碰到紙。然後閉上眼睛，用你的鉛筆緩緩地畫三個大圓。

畫完之後，根據你的目測，把你的筆落在呈五角形排列的五個圓中的一個圓上。請睜開雙眼。

如果你命中了，就畫「十」，若沒命中，就畫「一」，把此填入第一回的空欄中。

以同樣的方法，把鉛筆落在其他的圓上，繼續此測驗，然後計算你對五個圓的命中數。

	命中數
第1回	
第2回	
第3回	
第4回	
第5回	
合　計	

你朋友的結果如何？

	命中數
第1回	
第2回	
第3回	
第4回	
第5回	
合　計	

其實這是發現你是否「說謊」的測驗……

〈解說〉如果在測驗中，你所畫的命中數「十」，比沒有命中數還多的話，就可判斷「你不是一個老實人」。在此測驗中，「沒有命中」的數多，才是當然的，命中的結果，是你沒有閉上眼睛，「偷看」的可能性高。

人總是很喜歡假裝是很有特殊才能的，這個測驗就是要藉此來判斷，實際經驗者的道德性。此為心理學家V・M・查德，於一九二三年在Journal of Delinquency的一個設計，藉此可以去發現不良少年。

在此測驗中，受測者如果老實地閉上眼睛去做的話，命中的比率是非常低的。但是因在測驗的問題中，有「正常的人」、「受歡迎的人物」、「有魅力的女性」的字眼出現，所以愈是想要有所表現的人，就愈會期待測驗有好的結果，因此，在不知不覺中，就會睜開眼睛來偷看。

其實，錯誤愈多的人愈老實。

另外，在測驗開始之前，就反駁「這種事怎能做到」的人，通常是叛逆性較高的人，需要集體行動時，往往會有很強烈的叛逆傾向。

這類的測驗，有時會在「問題」中要點花招，有時候就像前面的測驗，需受測者做點事情後才作答。在公司的用人測驗上，有時候會像前面一樣，在問題中要點花招，來測驗受測者是否老實。這可說是利用花招來看穿受測者會不會說謊的質問方式。

請閱讀下列問題，然後在回答欄中圈選你認為合適的答案。

(1)東京的人口是世界上最多的都市嗎？　（是　否）
(2)「命運」交響曲的作者是貝多芬嗎？　（是　否）
(3)甘迺迪夫人的前夫，是大她三十歲的富翁歐納西斯嗎？　（是　否）
(4)諾貝爾獎作家川端康成的著名小說《森林中的睡美人》，你讀過嗎？　（是　否）
(5)最近從巴黎流行到日本的「Mimerva」，你知道嗎？　（是　否）
(6)你曾經吃過義大利著名的「魚蟹羹」嗎？　（是　否）

測驗中(1)至(3)題，皆是可老實回答是或否的問題，但，(4)、(5)、(6)題卻是作弄人的問題。圈⑷、⑸、⑹題為「是」的人，一定在說謊，沒有老老實實的回答。

接著，再來看如下的測驗。

請在下列各答案中，圈選一個適合你的答案。

⑴當你寂寞時，你會盡量地忍耐。（是　否　不知道）
⑵開始做一件事後，你絕不半途而廢。（是　否　不知道）
⑶在他人面前講話時，你會很拘謹嗎？（是　否　不知道）
⑷年輕時的你，曾經說過謊嗎？（是　否　不知道）
⑸你對任何人都很和善，絕不亂發脾氣？（是　否　不知道）

此測驗，看起來好像是在測出一個人的性格，其實，這是在測驗受測者的道德性。

如⑷答「否」，⑸答「是」的人，一定是在說謊。

另外，答「不知道」較多的人，通常屬「反抗型」的人物，也是不太熱誠的人物。

你希望做什麼動物？

首先，請看下面所列舉的動物。如果你下輩子必需投胎為下列中動物之一，你會選擇哪種動物呢？

又，你必需有為何想投胎成此種動物的理由。然後，把此理由簡單的寫在空欄中。

狗

鳥

蛇

羚羊

獅子

蝴蝶

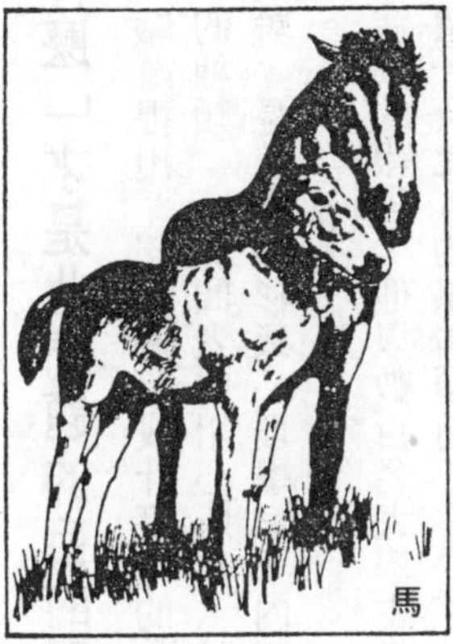
馬

猿

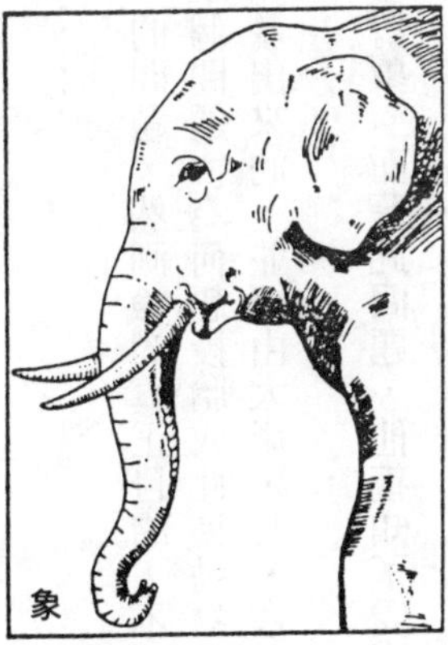
象

猫

「為什麼」才是此問題的目的所在……

此測驗雖提出「想要投胎成什麼樣的動物」的問題，然測驗的真正目的，不是聽你說出「動物的種類」。發問者的用心所在，是第二個問題「為何想投胎成此種動物」上。

此測驗，是美國洛杉磯心理學家卡內基所開發出來的，並經由大衛•L•寇爾予以實驗、研究。

根據寇爾的報告，他以數百名大學生為實驗對象。而藉此問題，他獲知了受測者內心深處的慾望，及此人的感情傾向。

第一個問題是：如果下輩子你必需投胎為動物，你會想成為哪種動物？此種問的方式是一種心理誘導法，它是要引出第二個問題「為什麼？」所使的花招。

如果有個人回答：「我希望變成蝴蝶。」在此情況下，「蝴蝶」並沒有什麼意義。重要的是第二個問題，「為什麼？」他回答：「蝴蝶可自由的穿梭花間，過著輕鬆自在的生活。」這時，我們就可以從回答中，看出此人之心理狀況。

讓自己的慾求、願望、心中的不安等內在狀態，反映在某些外在的事物或事件上的傾向，就稱為「投射」（Projection）。現代的心理測驗，很多是為了要得知人的投射心理。其代表性的測驗是：羅撒哈測驗及其聯想法。這是一種藉著刺激語，讓受測者說出其想到的情況，藉此方式，讓他把內心世界投射出來的心理測驗。

上述的寇爾之「動物問答法」，就可說是一種聯想測驗。

在此測驗中，根據受測者的回答，可得到如下的判斷。

（選擇老虎或獅子的人）

有強烈支配慾望的人，很易在第一個問題作此回答。其理由不外是：「百獸之王」、「強有力的動物」、「可自由殺死其他的動物」、「獨裁的、勇敢的」等等，換句話說，其支配的慾求已被投影在回答之中了。

（選擇馬、鳥等優美動物的人）

虛榮心或自尊心較強的人，易選擇這些優美的動物。

他們的理由是：「美麗、聰明」，「予人高貴的感覺」。

據卡內基的年間調查結果得知，有百分之八十以上的大多數之回答，可包含在如下的四種類型中。

①追求自我充實者的回答

「——想要自立」、「——想獲得解放」、「——想去支配」，當被問到第二個問題「為什麼？」時，他們會做如是的回答。亦即，這些答案可視為答題者想要實現的某種目的。

②一切都是為了自己的生活環境及周遭的人奉獻者之回答

這種人以表示對社會的責任感之回答為多。例如：「為了社會──」、「為了人類──」、「為了救──」、「為了某種組織──」。

③虛榮心強的人

「想要受到大家的肯定」、「想要出人頭地」、「這樣才高尚」。他們會把自己特具的特徵和他所選的做一關連性。故，會做如是回答。

④無自信、有所不安的人之回答

因為沒有自信、不被周遭的人接受，所以，他們的回答，多半是逃避式的回答。「想要逃遠母親的掌握──」、「想過一種不用負責的輕鬆生活」。

另外，需注意的是，在回答問題中，他可能想到與動物全然無關的事情，或在回答中，摻雜一些性色彩的事。例如：他回答：「希望當一匹馬，因為馬的性器很棒」。像這種腦子裡直接想到性而作答者，差不多都是對性有強烈的不滿。

據說，有這樣的一個情形。某心理學家把此測驗分別讓某位母親，及其女兒來做。母親的回答是：「我希望做頭牛，用豐富的牛奶、養大小牛。」女兒的回答是：「我希望做頭小牛，不但可以只吃喜歡的東西，而且會被小心的撫養長大。」這樣的母女，通常是經常吵架、相當不和的。

人相術入門

面對鏡子，做一做皺眉的表情，讓兩眼的間隔「縮短」。這時，你的眉毛與眉毛中間就會出現縱的皺紋。

你會出現一條？兩條？還是三條以上呢？

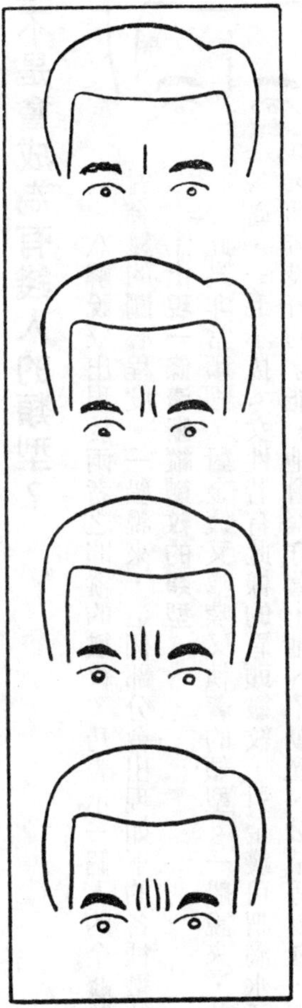

你是不是會成為有錢人的類型？

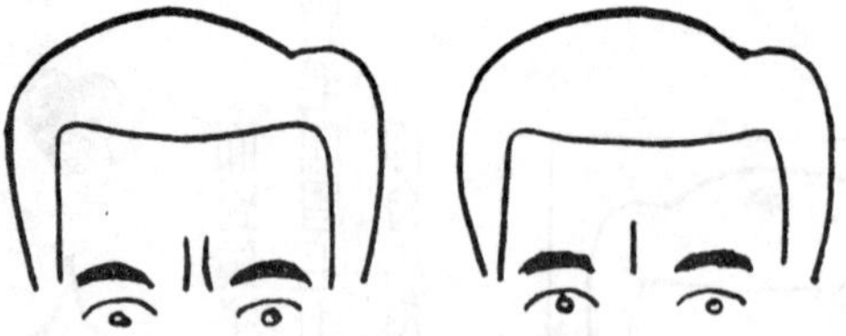

＜解說＞出現於兩者之間縱的皺紋，乃表示一個人的金錢狀態，及對金錢的關心程度。一般說來，這個部分會出現如下的各種皺紋。

⑴出現一條清晰縱皺紋的類型

此為非常頑固，對金錢又嚕嗦又執著的類型。一般說來，此種人很吝嗇、一毛不拔。女性若有此樣的眉頭皺紋，對金錢可謂滴水不漏，但，卻無投資的才能。她會緊守著土地、不動產、公債等財產，可是，若過於計較利息，反會有大損失。日本前首相吉田茂和英國的柴契爾夫人，都是典型的只有一條眉頭皺紋者。

另外，與甘迺迪夫人結婚而成為話題的億萬富翁歐納西斯，也只有一條縱的皺紋。

⑵有兩條眉頭皺紋的類型

兩眼之間，有兩條平行的皺紋者，很會運用金錢，在股票、寶石方面有很好的投資。

這種人若大動腦筋的話，就可能獲得兩倍或三倍的投資效益。是個

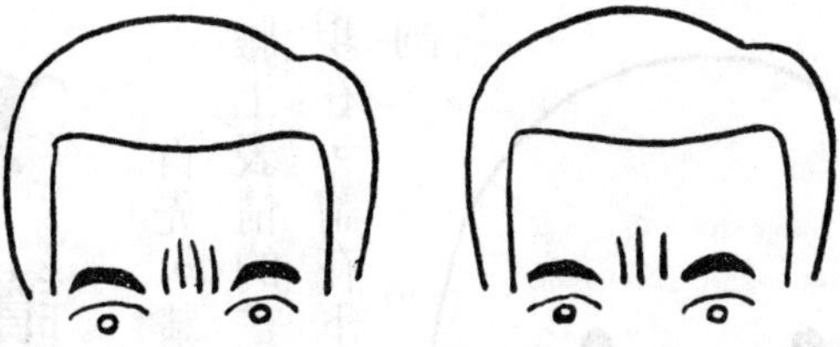

分析力、判斷力都絕佳的人。

⑶有三條眉頭皺紋的類型

眉頭中央有一條長皺紋，兩旁又有兩條皺紋而成為三條眉頭皺紋的人，對金錢不很關心，也不會受金錢的左右，是個很隨心所慾的人。男人若有此種皺紋，在金錢方面，通常需由妻子來傷腦筋。這種人往往不惜自我犧牲，來照顧晚輩或部屬，這種人的手頭總是很鬆的。

⑷有多條眉頭皺紋的類型

通常都是在臉的右側出現多條皺紋。此種人，可說是勞苦成性，對金錢尤其是操勞的多。

這種人難得有樂天的心情，總是多方操心，經常為了沒有儲蓄和現金而心煩。所以，千萬要注意，別對金錢過度煩惱。

年輕時，這些皺紋多不會很明顯，到了年長時自然就會出現。柴契爾夫人的額頭中心，本只有一條直線，但現在看她晚年的照片，就可發現有一條皺紋直通到她的髮際。從事藝術工作的畫家、音樂家等，在臉的右側都有相當多的皺紋。如畢加索，就有六條以上細細的皺紋。這是多用神經職業的人之特色。

讀出感情的訓練

首先，請看這幅畫。這是一個在圓形的臉中，用點和線簡單地表現出臉上表情的畫。但是，即使是如此地簡單幾筆，也無疑地表現出感情來。現在，請在下列各形容詞當中，挑選一個能明確表達這張臉的情緒之形容詞。

(A)「高興」
(B)「難受」
(C)「想睡」
(D)「痛苦」
(E)「悲哀」

相信大部分的人，看了這張臉譜後，會

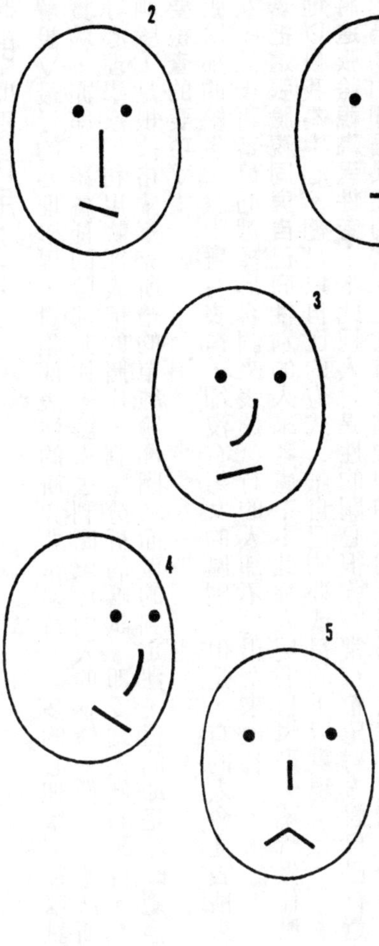

在「高興」上打個○。

以同樣的方法，用簡單的形容詞，寫在空欄，來表達本欄各臉譜的情緒吧。

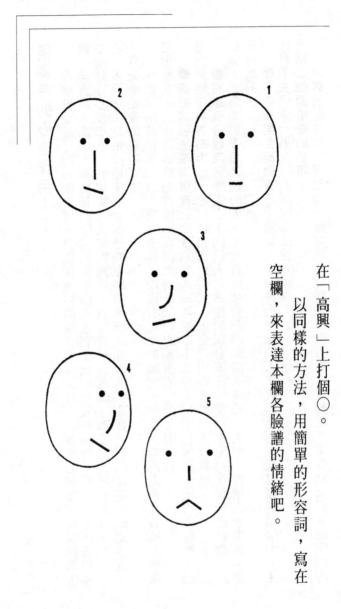

猜測時的心理作用……

＜解說＞最近的心理學界，對臉部表情的研究非常盛行。許多的心理學家都嚐試著去做一種實驗，亦即，藉各種的臉部照片，讓人去判斷照片中人的感情。像，伍德沃斯和薛洛斯班等心理學家，利用臉部表情的照片，判斷分析的嚐試，即受到人們的矚目。

本測驗，是根據格蘭畢克所繪的單純臉部圖形而做的判定法，目的即是診斷適應度。

＜首先要檢查的要項＞

此張臉部的繪畫，臉上雖有表情，卻沒有男女的區別。但是，有的人會從表情來想像是男是女，然後再審慎的選擇形容詞來表達，有的人卻不分男女來做答。

●若把這張臉視同與自己同性別的人來考慮……此種人屬於自憐型，不管做什麼，總是強烈地以自我為中心。總是以自己的方式，讓自己的夢或目的予以實現。

●將這張臉視為異性者……此種人對異性的關心很強，常有希望對方對自己有意思的意識。認為⑶和⑸是異性的人，尤其有此種強烈的傾向。離婚、失戀、與情人吵架者，更是有此看法。

●不考慮男女而做答……這種人是最符合常識的人。大部分的人在這樣的測驗中，往往有不去意識「男女」的區別而做答的傾向。

＜第二個要檢查的要項＞

看到前面各種臉部圖型，你會用什麼樣的字眼去形容它們呢？讓我們來看下面所列的答案。

(1)的臉──「悠哉游哉」、「若無其事」、「平靜」、「我是很認真的喔！」、「天氣很好嘛！」

(2)的臉──「沒意思」、「不滿」、「遭透了」、「失敗」、「啐！」

(3)的臉──「彆扭」、「乖辟」、「撒嬌的孩子」、「氣壞了」。

(4)的臉──「活該！」、「小心！」、「無視」、「敵意」。

(5)的臉──「孤獨」、「不行」、「哼！」、「沒事」、「忍耐」。

一般說來，能像這樣地想出短短幾個字的人，通常是較溫和，易與人妥協的人。在團體活動中，能很忠實的實行領導者所交付的事。相對的，會以如下般較長字眼來形容的人，就很可能需要「特殊的判斷」此種人了。

較長的文字來形容的人──喜歡自我誇示，是自我顯示慾強的人，在戀愛方面，常會陷於單戀，或做自我陶醉式的判斷。

喜歡加上一些特殊的固有名詞或人名等具體字眼來形容──例如：「怎麼不去ＥＳＳ俱樂部呢？真討厭」（針對(2)的臉說的）。或「這就是山田太郎」（針對(1)的人）。「不邀我看電影嗎？」（針對(4)的臉）。

用具體的字眼來形容這些臉者，乃表示這個人的心裡，對這些情形有著關心、或很有興趣。另外，某女大學生針對(4)所用的形容詞，居然是「肚子好餓喔！」原來，她當天的早餐和午餐都沒吃。

能看到煙囪的一幅風景

下面的這幅畫，尚有許多地方未完成。請依照指示，予以補充完成。

⑴請把山的那邊看得到的煙囪，畫上煙。不過，需使用左邊所畫的線條中之一種。

⑵桌上的電話響了。請在左邊各線條中，選出一條來表示電話響的樣子。

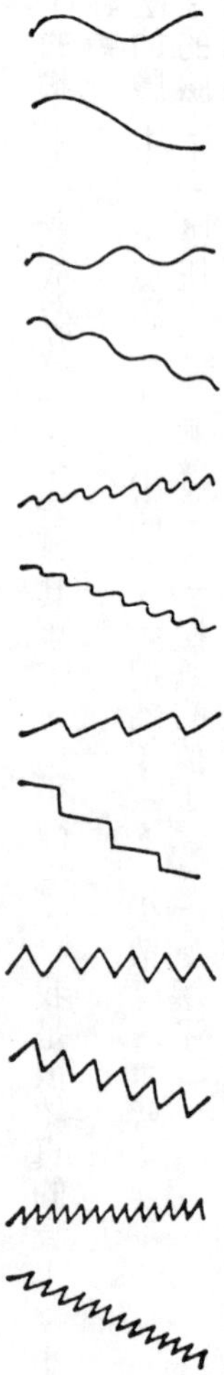

1 2 3 4 5 6 7 8 9 10 11 12

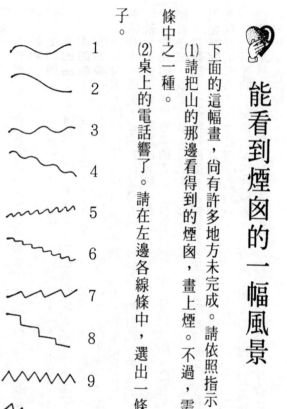

從一條線看出人的思想

＜解說＞『創造性及精神成長』的作者維克多・羅費德，在書中說：「畫一條線雖只是個單純的動作，卻能表現出此人的感情與思想。」另外，心理學家波漢巴加，曾做過讓五百個大人，看十八種線條，然後讓他們選擇出與此線條有關的字眼來形容的測驗。研究自由畫廊使用方法的阿爾謝拉與哈德維克曾說：「圓狀的線有女性的傾向，鋸齒狀的線強烈地有男性的傾向。」本測驗就是根據此些看法，來做性格上的分析。

＜解說＞先來看看描繪電話聲響的線條。

畫①的人　較女性化、較纖弱。易與周遭的意見妥協。是個極樂天的人。

畫②的人　比①的線稍微朝下。此種人比①的人更保守、更老實。

畫③的人　情緒很不安定。容易焦躁、情緒不穩。有一種女性的敏感。

畫④的人　相當內向。凡事秉持良心去做。一舉一動皆會先考慮到後果。

畫⑤的人　即使是細微之事也會留意到。對人際關係很謹慎，很神經質。

畫⑥的人　很熱心研究，具有分析力，洞察力也很敏銳。對神秘的事情非常憧憬。

畫⑦的人　喜好冒險、積極。個性外向。不過，凡事皆以「自己」為出發點。

畫⑧的人　有決斷力，在需要勇氣的時候，一定會全力以赴。

畫⑨的人　很有自信。不會人云亦云。糾紛多。

畫⑩的人　動不動地會勃然大怒，不過，非忍耐不住下的情形，尚會自制。
畫⑪的人　喜歡喋喋不休，做事常拖泥帶水，很喜歡依賴他人。
畫⑫的人　一旦發現別人的缺點、過錯時，會嚴詞以對。由於常以自己為中心，所以樹敵頗多。

接著再來看看畫在煙囪上的線條。由此可判斷其對社會的態度。

畫①的人　最不違反常識，不會有危險性。
畫②的人　相當清楚、保守。
畫③的人　對不滿、悲傷有忍耐的能力。不會有對社會反動的行為。
畫④的人　易孤立、易逃避。
畫⑤的人　對比自己強的，或更有權威的事物，會盲目的崇拜。
畫⑥的人　易自我批判，因此，言行常常不一致。
畫⑦的人　不拘於形式，喜歡追求新的、大的、強的事物。
畫⑧的人　言語行動常喜歡反社會。對反抗、叛逆的事情，會有驚奇的快感。
畫⑨的人　反抗心很強，對任何事都有極大的不滿。屬於慾求不滿型，對什麼事情都難以滿足。
畫⑩的人　有時蠻自閉的，有時會起而反抗權力。
畫⑪或⑫的人　易有強烈的不滿、不平。不會有所謂的滿足。

森林中的步道

如圖，兩名女子正在森林中的小路散步。淑美小姐走的是A道，另一位秋香小姐走的是B道。

此兩位女性從未見過面，而，她們現在所走的地方，也看不到彼此的臉或身體。

淑美和秋香會往哪個方向走去呢?請發揮你的想像力，用鉛筆把這兩位女子所要走的道路畫出來。

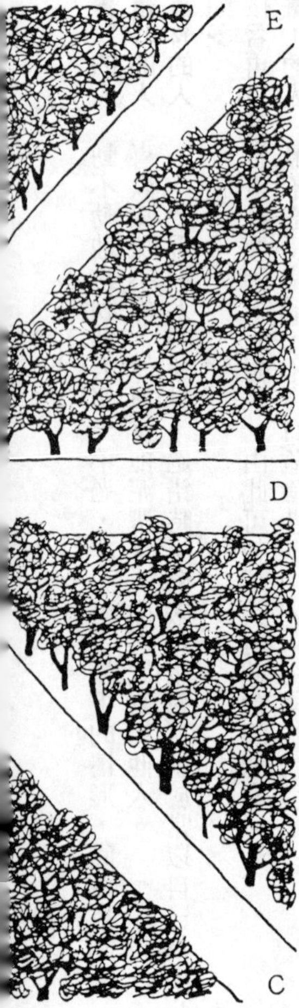

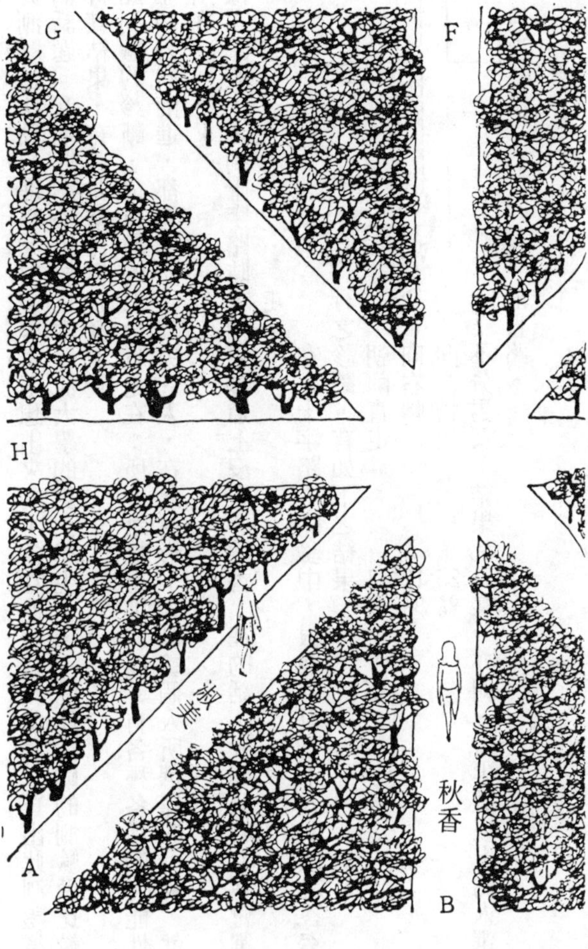
G
F
H
淑美
秋香
A
B

不一定會向前直走……

此測驗是法國心理學家M・魯奇所想出來的，當女性雜誌「艾爾」登出此測驗後，一時成為話題。我把此測驗用於日本一流大學的男女學生上，一面與法國的測驗做比較，一面分析其結果，有著非常有趣的發現。

此測驗的診斷，最有趣的部分就是在：所要選擇行進的路，有各種各樣的可能性。且，從哪個方向前進，都有可能碰到另一人，在此情形下來測驗個人所選擇的行動，就是趣味之所在。

像左圖般，走到十字路時，如果Ⓑ道上沒有「秋香」在的話，大部分的人應會選擇直走。

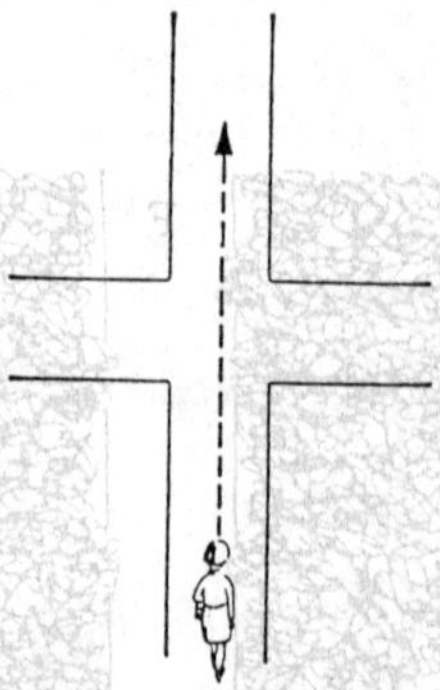

在有十字路的測驗中，根據兩百五十人所做之答案來進行之診斷，有如下之結果。

朝前直走　63％
向右轉　12％
向左轉　25％

不分男女，結果都一樣，亦即，有半數以上的人選擇朝前直路。

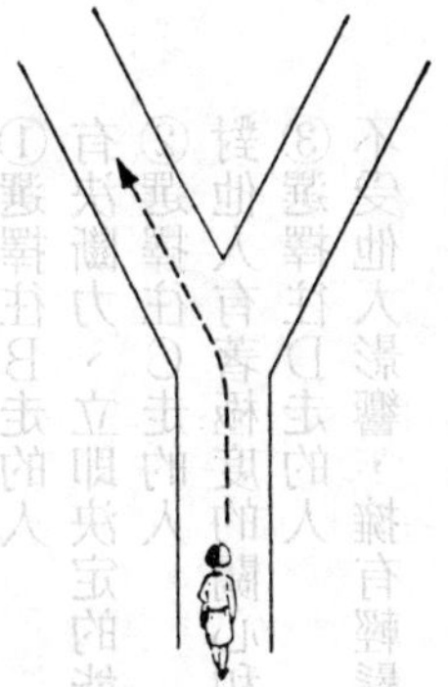

又如上圖般，有三叉路的情形時又會如何呢？經調查，回答向左轉者，幾乎佔百分之七十。

人在自然狀態下的行動，有很多與此相類似的動作選擇。碰到突然的狀況時，原本向右轉的人，會不會轉而向左轉呢？據國鐵勞動科學研究所松城先生的報告得知，他曾做過如下的調查：把箭頭放在前方，做為被測者的目標，受測者會轉向哪個方向？結果發現，避向左方的人佔百分之五〇・七。避向右方的人佔百分之二八・六。

現在，再來看看在本測驗所提供的條件下，所得到的各種各樣的解答。

淑美小姐前進的路

朝(E)前進	佔37％
朝(G)或(F)前進	佔31％
朝(D)或(C)前進	佔12％
朝(B)前進	佔5％
朝(H)前進	佔9％
轉向(A)	佔6％

秋香小姐前進的路

依序排列如下。⑴Ⓕ、⑵Ⓓ或Ⓒ、⑶Ⓖ、⑷Ⓗ或Ⓐ、⑸Ⓑ。

從中，我們來檢視，與之相關的各種特徵及性格，結果如下。

判斷的基礎為：淑美小姐的部分是Ⓐ到Ⓔ和左側的Ⓗ、Ⓖ、Ⓕ，秋香小姐的部分是Ⓑ、Ⓕ，和右側的ⒺⒹⒸ。在此測驗中，Ⓔ和Ⓕ是兩人的重疊領域，接受測驗的人，因各人之個性不同，如：在人際關係上，屬於深謀遠慮的人，或能夠站在對方立場想的人，在下意識中會避開Ⓔ和Ⓕ的路，而為淑美小姐選擇其一領域的Ⓖ和Ⓗ來走。另外，秋香小姐所要走的路，基於同樣的想法，會選擇Ⓒ或Ⓓ。

因此，選擇淑美小姐前進的路為Ⓖ或Ⓗ的人，可以說是較內向，較拘謹的人。

〈由淑美小姐前進的路來判斷〉

①選擇往B走的人

有決斷力、立即決定的能力。

②選擇往C走的人

對他人有著極度的關心和興趣。容易樹敵。競爭心強、自我中心。

③選擇往D走的人

不受他人影響，擁有輕鬆的生活態度，能展開悠哉游哉的自由思考。

④選擇往E走的人
會想到各種的可能性，是舉止慎重之人。
⑤選擇往F走的人
極度自信型。下意識中非常希望受到矚目。
⑥選擇往G走的人
容易受他人所說的話左右。常會注意是否遭受誤解。
⑦選擇往H走的人
易受周遭人意見之左右。

現在，請看看你所畫的這兩名女子的行進路線。這兩人的行進路線，會不會在哪裡交叉呢？

〈兩人的行進路線會交叉的情形〉

不關心對方，也不理解他人的心情，所以常常我行我素。總是任性的想要滿足自己的慾望。

〈兩人的行進路線並未交叉的情形〉

很在意他人，對一切都很拘謹。有的甚至有過分在意他人的毛病。是會盡心盡力從事份內工作的人。服務精神也非常旺盛。

測驗你的慾望

這裡是測驗你的性格是屬於幹勁十足型？還是情緒型？請回答下列問題，並予以記分。

●測驗1　電視上播出某女演員要結婚的花邊新聞。請問，此女演員所要嫁的對象是從事哪種行業？你能憑直覺說出他的職業嗎？

(A)青年實業家。

(B)同樣是影劇圈的人。

(C)電視導演。

●測驗2　一般人皆認為「火」具有神秘的魔力。如果要你在下列三項中點火，你會點在哪一樣上：

(A)蠟燭。

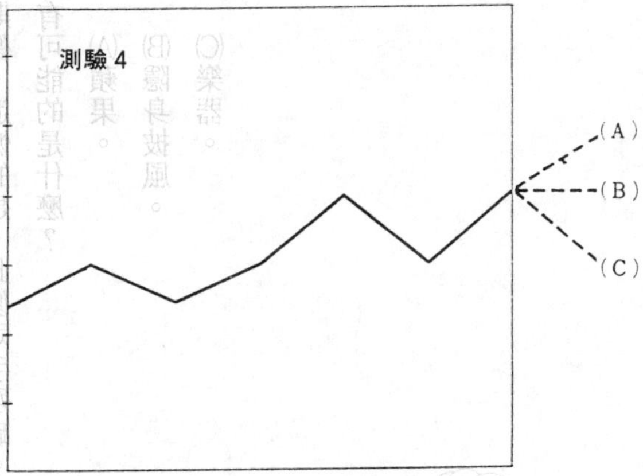

(B)黃色炸藥。

(C)蚊香。

●**測驗3**　若為防地震需事先準備些什麼東西，你最先想到要準備的是什麼？

(A)急救藥品。

(B)手電筒。

(C)行軍口糧。

●**測驗4**　上面圖表是某推銷員上月的營業成績。請問，圖表究竟是上昇還是下降？

(A)上昇。

(B)不上不下。

(C)下降。

●**測驗5**　巴黎的羅浮宮美術館陳設有米羅的維

納斯像，遺憾的是，此像兩手殘缺。請問，此像的兩手各執的究竟是什麼？就你的想法，最有可能的是什麼？

(A)蘋果。

(B)隱身披風。

(C)樂器。

你是「幹勁十足型」的人，還是「情緒型」的人？

〈解說〉

●測驗1　這是對你的交往度之測驗

答Ⓐ的人，會在不傷害對方的心情下，認真的與人交往。有很多人很慶幸與你交往哩。

答Ⓑ同樣影劇圈的人，是想法符合常識的人。與人交往中規中矩，不會做出特異的事情。

答Ⓒ的人，喜歡作弄人，常不知不覺地說出讓人討厭的話，有時會欺負年紀較輕的人。

Ⓐ——5分，Ⓑ——3分，Ⓒ——1分

●測驗2　這是對你的慾求不滿度之測驗

答Ⓐ的人，即使心中很急躁、很寂寞，也會找適合方法來疏通。

答Ⓑ的人，現在一定是非常地焦躁難安，常會發牢騷、動輒生氣。

答(C)的人，心情頗安定，日子也過得很自在。

(A)——3分，(B)——1分，(C)——5分

●**測驗3** 這是想知道你的順應力之測驗

答(A)的人，非常在意小處，對自己的一切頗覺不安。

答(B)的人，喜歡熱鬧，跟誰都合得來。非常有順應力。

答(C)的人，現實型。不依賴人，凡事都處理的很得當。

(A)——1分，(B)——3分，(C)——5分

●**測驗4** 這是想知道你的樂天程度之測驗。

答(A)上昇的人，心中時時保有樂天的情形。就算遭遇一些小挫折，也不以為意。

答(B)不上不下的人，沒什麼大慾望，什麼事情都不會盡全力，就算有什麼不如意，也不會在意。

答(C)下降的人，沒什麼自信，總是心懷不安。所以常會犯下不該犯的錯。

(A)——5分，(B)——3分，(C)——1分

●測驗5　這是要得知你的直覺力之測驗

答(B)的人，想像力很豐富。

(A)是一般型。(C)是羅曼蒂克型。

(A)——3分，(B)——1分，(C)——5分

A類型（幹勁十足型）合計21～25分

目前的狀況是，十分適應現在工作的環境，且能發揮己力。雖有一點焦躁不安、不滿，但只要稍假時日，即可解決。

焦躁的原因很多，與其說是工作方面不如說是私生活方面的原因多。

對工作感到很有意義，是個幹勁十足的人。很受周遭人的信賴，也頗得長官信任。所以，儘管在眼前的工作崗位上好好的努力，不必換工作。

B類型（安定成長型）合計16～20分

這是一般情況大致都不差的安全型，雖有些不滿，終究還是過得去的。當需要負起責任好好做事時，不管是工作上或私生活上，都能充實地扛起的類型。不過，生活易因循苟且、變得單調，是其缺點。但，還不致於出現什麼大差錯。

C類型（消極、好依賴他人型）合計10～15分

雖也有幹勁，可是喜好依賴他人，所以，總是錯失機會。一遭遇困難就想放棄是其缺點。缺乏自信及堅韌度。

若能得到良友的幫忙，紓解其平日的不滿和不安，情況就會好的多。不急躁、等待良機，是至為重要的，且應鼓勵自己，要有不怕失敗的幹勁。

D類型（情緒型）合計5～9分

開始時，看起來很有幹勁，但熱度持續不了三分鐘，所以，得不到周遭人的信賴。奉勸你，決定一個目標，趕快行動吧。只要認為是好的，就應堅持到底、努力不懈。雖很有能力，但無法將此能力發揮在工作上，或與人交往上，且表達能力很差。

你是不是很「任性」？

任何人都難免有任性的時候，然而太任性的人就讓人吃不消。隱藏在人們心中的任性種子，常在不知不覺中，成為惹來麻煩的原因。所以，請隨時檢視自己是否過於任性。下面有十個問答，請在答案ＡＢＣ中選擇一個且予以記分，如此可以檢視自己任性的程度。

●測驗1　公文出現錯誤，但錯不在你，卻遭到責備，此時，你會——

(A)直接說出不是我的錯。

(B)「……」（有口難言）。

(C)會說：「對不起，我馬上改過來。」

●測驗2　在有約會的那天，上司要你加班，這時你會——

(A)說出理由，拒絕加班。

(B)取消約會。

(C)早點把工作做完，遲一點再去赴約。

●**測驗3**　下班後，上司請你吃飯，受邀者共有三位，然其中一人回絕了。你呢？

(A)答應。

(B)找個理由回絕。

(C)勉強回絕的同事一起赴約，如果他不肯也就不去了。

●**測驗4**　在辦公室接到男女朋友（或朋友）的電話，你會——

(A)告訴他等一下再打給他。

(B)小聲說話。

(C)假裝是與客戶講話的樣子。

●**測驗5** 早上睜開眼睛已是八點，上班鐵定會遲到，這時，你會怎麼做？

(A)決定偷懶休息。

(B)雖會遲到也匆忙趕去。

(C)想些理由不去上班。如：身體不舒服要去看醫生。

●**測驗6** 工作中，突然遇到你不懂的地方時，你會——

(A)馬上問公司中的老同事。

(B)先自己研究，若真不懂再問。

(C)不管怎樣，都由自己解決。

●**測驗7** 你希望在哪種類型的上司底下工作呢？

(A)很有體諒心，不會隨便動怒，工作馬馬虎虎就可的上司。

(B)對工作只求普通、很會玩的上司。

(C)對工作非常用心、值得依賴，但對部屬不假顏色的上司。

●**測驗8** 當只有你發現公司的時鐘快了十分鐘，你會怎樣做？

(A)日後在腦中一直記掛著，公司的時鐘快了十分鐘。

(B)你會告訴大家：「各位，時鐘快了」，讓大家注意。

(C)馬上把時鐘校正過來。

●測驗9 朋友欲向你借一萬元，可是你皮包裡只有一萬兩仟元，此時的你會怎樣做？

(A)讓他看皮包，拒絕他。

(B)什麼也沒問就借給他。

(C)跟他說明理由，只借他五千元。

●測驗10 中午和同事一起去吃快餐，快餐價格有三種。同事之一選(A)，另一個選(C)。你呢？

(A)參佰元的快餐。

(B)貳佰伍拾元的快餐。

(C)貳佰元的快餐。

潛藏在心中的任性種子

參考下列的得分者，你就可藉測驗的結果診斷出自己是A～E中的哪一種類型。知道自己屬於哪一型後，再看後面的解說，就可知道潛藏在你心中的任性種子。

<得分表>

	A	B	C
測驗 1	5	1	3
2	1	5	3
3	1	5	3
4	3	1	5
5	1	5	3
6	1	3	5
7	3	1	5
8	1	3	5
9	5	1	3
10	1	3	5

10分～17分……A類型

18分～25分……B類型

26分～34分……C類型

35分～42分……D類型

43分～50分……E類型

〈解說〉

A類型

依賴心強的任性型——心中強烈地想依賴某一個人的類型。叫自己放手去做的話，總覺不安。

而且，在做之前，你總會認為自己是不行的，然後就會放棄不做。有的人在辦公室，因過分的依賴他人，而造成大家的麻煩。所以，你應好好的做你的工作，就算遇到困難，也不要怕難，要努力地去做，要有勇氣去把它做好。

B類型

慎重消極型——你是很有能力去做的，並不是做不好，可是，你老是喜歡去依賴他人。你對什麼事情，總是考慮再三，然卻不予以付諸行動。因此，難免朝三暮四，結果就變成去依賴他人，或做什麼都婆婆媽媽的。面對事情時，依賴他人比自己去做的成分多。所以，你千萬別考慮太多，要積極地行動，你才會交到很好的朋友。

C類型

平均一般型——你就是屬於女人型。做起事來女人味較重，什麼事都很謹慎小心，不是很任性，偶而也會燃起你的自立心。有順適力，若有好的環境、好的長輩，你就會自立起來。

所以，你首先要培養自己的專門知識，要有研究心，如此，你的情況就會好轉。另外，你還要養成一種為他人設想而行動的習慣。

D類型

努力自主型──不管你做什麼，都不會去依賴他人。是自知努力、孜孜不倦的類型。另外，在工作上，就算受到限制，你也會努力地去突破它。對於被吩咐的事情，你會很忠實的去做好它。總之，你很有責任感。

對你來說，最重要的就是和同事之間的和諧。所以，首先要注意在工作場中的人際關係。

E類型

積極而幹勁十足型──不管做什麼事情，你都全力以赴。不管做什麼，你都以自我為中心來考慮，你不會去依賴他人，他人若指使你，會引起你的反彈。

所以，你有時會與同事之間不能協調。故，你一定要注意不要太我行我素，要留意人際關係中的調和。

■有趣的點子

攻陷陌生人的技巧

一般的推銷員都很清楚：「結束時的萬言，不如最初的一語。」當你去訪問某人時，在未遞出名片前所說的話，要是得當的話，可能就會讓你如願以償，反之，機會就遠離而去。所以，最初一言的價值實比得上一百萬元。

可是不曉得為什麼，日本人在與人初見面時，說話很拙劣，總難憑一句話，一下子抓到對方的心。

例如：假設有個推銷員到一座公寓或一個社區做戶別的推銷。社區裡的家庭主婦們總是隨時把鐵門關得緊緊，如果你想單憑一、兩分鐘的談話，就讓家庭主婦們把門打開的話，一般的寒暄話是絕對不夠的。

如果你說：「你好，我是××推銷員」、「或我是○○保險公司。想和你談談」，根本就沒有用。你必需用點技巧、耍點花招，才能如願以償。

例如：最近常聽說的「瓦斯器具」、「塑膠製品」的騙局。經調查，這些騙徒都很精通運用語言的魅力。一個把瓦斯器具在社區裡到處販賣的騙徒，透過對講機，用著輕聲細語說出的第一句話是：「我是瓦斯公司派來府上說明的人。」

鐵門內的家庭主婦，聽了這句話，百分之九十會打開門。「既然是瓦斯公司派來的……」，若是在東京，一般的人都會聯想到東京瓦斯公司。既是東京瓦斯的說明人員，當然就沒有問題。對方這時絕不會說是「〇〇瓦斯公司」，具體的說出名字，只會說出「瓦斯公司派來的」，而這就是關鍵所在。

至於，賣塑膠製品的騙子，多半會說：「我是〇〇百貨公司送東西來的」，家庭主婦一聽到此話，多不會防備而把門打開，因為，百貨公司常在年終或暑假送些贈品給客戶。這種做法乃是存心不良的利用語言上的效果。但，它又何嘗不可說是，極善於利用最初接觸的一、兩分鐘來口燦蓮花的方法呢？

希特勒和拿破崙兩位獨裁者，就是很擅於在一、兩分鐘內，運用語言的魔術。據說，希特勒總是比預定的時間遲一點到演說會場。這樣子就造成了大家期待的效果。

他的演說多半在夜間舉行。因為，人在夜晚比白天更易喪失冷靜的判斷力。一入夜，人就比較容易變得狂熱、狂野，也易接受暗示。

預先佈置了這樣的條件之後，希特勒就以一向的誇張手勢、及利用簡短卻非常有效果的語言魔術演講。「德國最優秀的國民們」，當他喊出此話時，即造成聽者「若我也參與，我就成為優秀民族的一份子」的錯覺。

拿破崙也是非常擅於說服話術的。他率領軍隊遠征義大利時，必需越過高峻的阿爾卑斯山，全程是非常困難的。在行軍之前，拿破崙對部下說：

「山的那邊是太陽之國。你們想吃什麼都可以吃個夠。葡萄酒可以無限的喝。而且還有美女……」

這些話，使得兵士們勇氣大增。戰爭結束後，要返回祖國法國的兵士們，又顯得沒有精神。拿破崙又說出了有名的話。

「各位回到我們的國家後，可以向你們的愛人或妻子說：『我就是跟著拿破崙到義大利去參戰的人』。」這句話又使得士兵們精神大振。

十五分鐘就成功地做成了九千萬元生意的貝德卡，也是像希特勒、拿破崙般，擅於抓住談話者的心。

另外，光是以電話就拉得到保險的艾爾•布里貝德，三十五歲時，一年就有三萬美元的收入，可說是個頂尖推銷員。這個人也是非常擅於利用言語。這兩個推銷員都很重視與對方最初三分鐘的談話。在這期間，他們就會想出好點子，而不是長時間的與人蘑菇。

三分鐘不論是對精神上、肉體上，都具有很重要的意義。話只要說得一針見血，就不必說得很長。而這只消三分鐘就足了。

那麼，在最初的三分鐘裡，說些什麼話才具有最大的效果呢？我們說的話之中，有的具有強烈的刺激性。例如：當我們提到「梅子」、「檸檬」時，就會使我們聯想到酸，不知不覺中，口中就會生出唾液。還有，「牙醫」也會給我們很強烈的刺激。所以，在三分鐘之際，就必需運用像這類刺激性很強的言語。那麼，在推銷時，什麼話才是具有刺激性的話呢？

「請聽我說一分鐘的話好嗎？」

「你只要聽我說，就有獲得一百萬元的可能。」

有很多的人就是靠這樣的話，而成功地推銷。「只要一分鐘」、「獲得一百萬元」，都是具有強烈刺激的話。它會引起對方「只有一分鐘，聽聽也無妨」的心理，再者，誰不想要一百萬元？它當然是魅力無窮囉。

決定見面之際，也有心理效果強的表現和弱的表現之別。例如：

「如果什麼時候有時候讓我們見見面吧！」

這是最差的說話。

「如果……的話」，是易讓對方拒絕可能性很強的說法。說起時間，誰會有呢？「什麼時候……」，這樣的表現，在心理效果上也是很弱的。

所以，我們不如說：「明天三點鐘見個面如何？」這種說法已具體的設定出「時間」，就會加強對方的印象。如此一來，對方可能會回答：「三點不行，五點好了。」這樣豈不就達到目的了。

第三章
性的測驗
YOUR SEX NORMAL?

接下來要做什麼？

請仔細看畫中的「羊」和「狼」。這兩隻動物，接下來究竟想做什麼呢？而狼要做什麼？山羊要做什麼？

請一邊看著畫一邊想想看。此畫看起來像是動物故事，其實它是要引起性聯想的測驗。

在人類的行為之中，讓人以為最瞭解，其實它的原因和慾求的性質常不能被理解的，就是性。有許多學者想從社會學來瞭解它，想從生理上瞭解它的也很多。把性當做是心理潛在問題，而加以研究的就是佛洛伊德。他認為性是精神分析上相當重要的線索，且認為性的壓抑常以某種型式表現在生活上。

人們看了這幅「山羊」、「狼」的畫後，常會把自己對性的潛在意識反映出來，做某種的聯想。看了這幅畫，回答對半狼半人女性有嫌惡之感的人，或回答「被這隻狼騙」或「被殺」的人，大抵是對女性有恐懼心，或有同性戀傾向。而，性方面正常的人，就會回答，這兩隻動物在談情說愛，或在森林的一角準備性交。

如果回答某一方動物會被另一隻「殺害」、「強姦」的人，對性方面有著很不尋常的不滿。

下面就是一些確知是否有性異常，和關心度的測驗。

喜歡的唇、不喜歡的唇

這裡是幾個年輕女性唇的照片，顏色雖不清楚，但唇的表情卻很明確。你可以拿這些圖給男女朋友選，看他喜歡哪種型的唇。最喜歡的唇和最討厭的唇，各選其一。

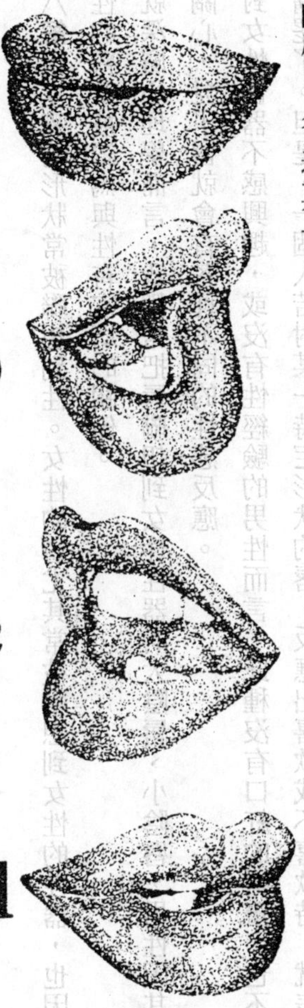

a
b
c
d

唇與性有關連……

〈解說〉嘴的形狀常被聯想到性。女性的唇尤其常被聯想到女性的性器，也因為如此，女性的唇常被認為與性有密切的關係。

就深層心理學而言，我們常把唇聯想到女性性器的大陰唇、小陰唇，男性因其性的體驗與關心，見了唇就會有各種不同的性感反應。

對女性性器不感興趣，或沒有性經驗的男性而言，此種沒有口紅的唇畫，也不過是單純的嘴罷了。但是，一個人若對某一特定形狀的唇，反應出喜歡或不喜歡時，就表示其對女性性器有潛在的關心。因此，不答喜歡或不喜歡的人，就表示是性經驗少的人。

另外，對(a)和(d)嘴唇並不是張得很大的嘴有反應的人（答喜歡或不喜歡的人），對性是正常的，而對(b)或(c)有反應的人，表示其對女性性器有特殊的興趣。尤其是，對(c)有反應的人，幾乎是對性有著病態的興趣。

精神科醫生箱崎總一先生，在《廣告與性》的書中寫到：「因性無能來找醫師的神經衰弱患者中，有認為性交會去勢，對性抱有病態恐懼感的人。分析這類患者的心理發現，他們常幻想陰莖會被存在於陰道周圍的牙齒咬斷。」

張得大大的女性嘴巴，可以看到上排牙齒，這會使男性有一種潛在性的被去勢的恐懼感。換句話說，對(c)反映「討厭」的人，其對性方面的反應也很強。

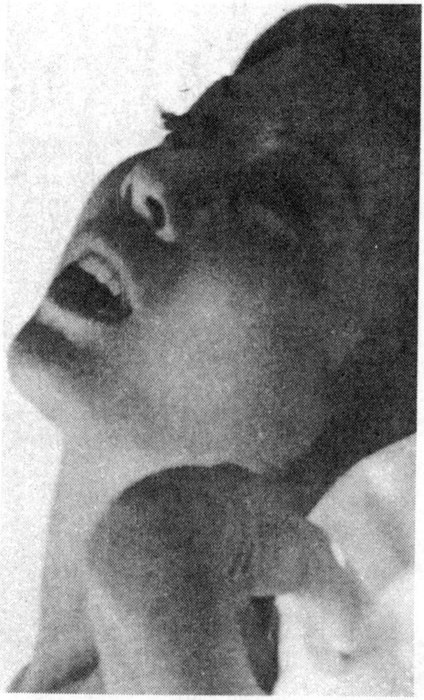

此外，女性的唇，本就具有各種對性的想像之效果。

例如：請看上面照片中女性的表情，你看了這張嘴唇，會有什麼樣的印象呢？

在這位女性的表情中，你是不是發覺到，它顯示出某種特殊的慾情？

所以，某些男性看了這樣的表情，就會引起異常的興奮。

因為，男性可能會從此位女性的體位來想像，然後會認為這不是以普通的狀態來進行性行為。

另外，你再把本書上下巔倒來看此位女性的嘴。如此，你就會了解我們對於性，會有什麼樣的想像。換句話說，對於朝下的臉感興趣的人，通常有異常的性潛在意識，而對朝上的臉較感興趣的人，性的潛在意識就較正常。

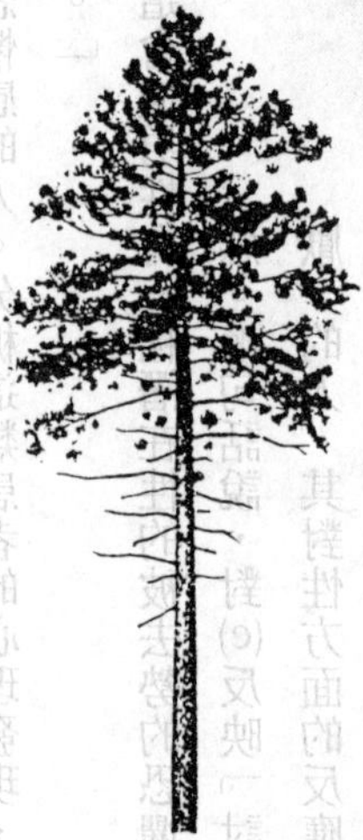

小指的指甲

伸出你的雙手，比較一下各指甲。聽說，指甲可顯示出各種疾病和身體狀況。指甲需六個月的時間方能完全長成，一個人若生病了，指甲上就會出現一些表示此疾病特徵的橫條紋。以手來診斷疾病而著名的塞奧德・貝利博士，介紹了藉由指甲診斷各種疾病的方法。一般說來，當指甲靠近根部的地方，出現橫條紋時，就表示最近會生病，中間稍上的地方，出現的指甲紋，是表示三個月以前的疾病。神經性的衝擊對指甲的形成，也會造成影響。

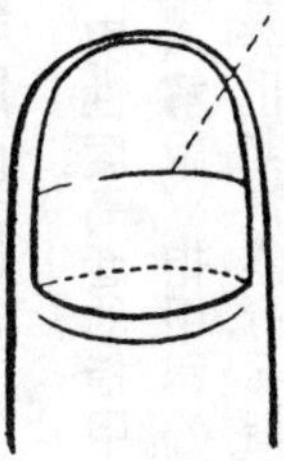

現在，請看看你的左手小指，指甲根部部分，是否成⑴的四角形，或圖⑵的圓型（凹）。

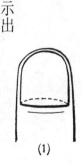

(1)

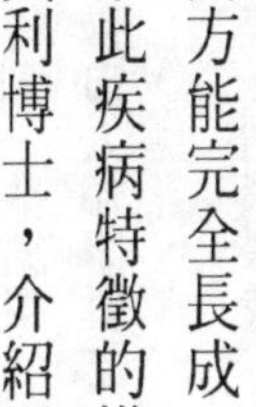

(2)

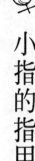

判斷屬男性的？還是屬女性的？

男性度高者的指甲，多呈(1)型，女性度高的人就呈(2)型。

〈解說〉指甲與心理有關的研究不少，指甲與疾病或人類學有關的研究也非常盛行。指甲上沒有半月紋的人（因體質而沒有的人另當別論），一般說來多屬病弱的人。另外，對人類學上的研究，有著名的人類學者馬根之指甲形態學的研究。在日本，金澤大學醫學部的松田健史、秋山和也兩位先生，也經由調查一九五人，得到一些結果。他們把指甲分為十一種類，並調查各種的出現率。（摘自人類學雜誌66期　第四號）

據此研究得知，指甲根部的不同，有著不同的性差。而根據我本身的調查，也有類似的結果。特別是小指或無名指的根部形狀，有著明顯的男女差別，在拇指方面，男女就無啥差別，多屬(1)型。

松田、秋山兩位先生在調查後，把各指指甲的根部予以分類，得到如下表，由此可知道男女的差別。

(2)型的指甲（數字%）

	男（右）	男（左）	女（右）	女（左）
小　指	33.93	34.82	75.90	73.49
無名指	40.18	35.71	71.08	71.08
中　指	41.07	37.50	66.27	56.63
食　指	36.61	31.25	61.45	62.65
拇　指	3.57	5.36	8.43	4.82

測量你的手看看

用一把捲尺量量你的手掌，如果你的身邊沒有捲尺，可先用一條繩子量，再用尺測出其長度。

另外，儘量伸張你的拇指和小指，然後量拇指的尖端到小指尖端的長度。如果你的身邊有女性，也可照此方法請她量量。

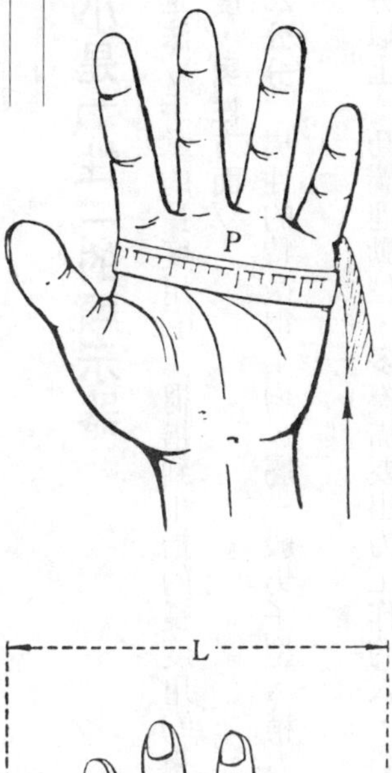

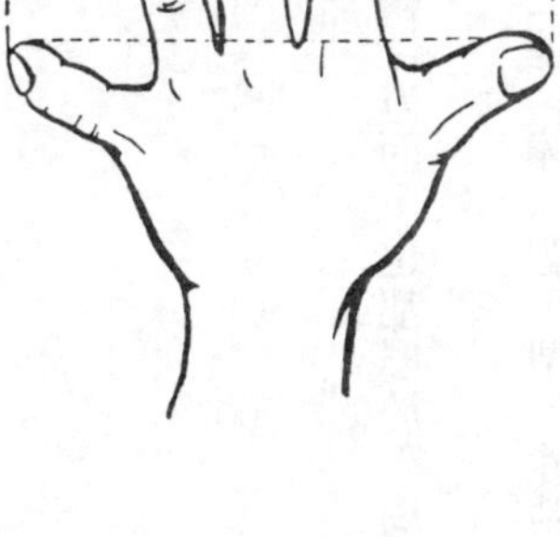

手的大小是「性」的顯示器

〈判定法〉手掌的長度用(P)，拇指到小指的長度用(L)來表示。

〈P的長度，男性方面〉

19～20公分　男性的特徵很平均，屬一般男子型。精力和持續性方面，也都屬於平均型。

21公分以上　乃屬運動型，多為需要出力工作的人，屬於力士型、棒球選手型。性精力非常十足。

18公分以下　稍偏於女性化，技巧比精力佳。喜歡想像的性事之傾向較強。

自從德國的克雷契曼，對「性格與氣質」進行研究以來，對手之大小與性器的關係，出現各種各樣的研究。其中，德國醫學家朱雷格爾，對手之大小與性之關連研究，最為有名。

朱雷格爾的著作，在一九六三年十一月發行的《現代精神》中，所刊登的「人類的性本能」一文裡，有所介紹。筆者本身，自一九六一年以來也持續地進行，朱雷格爾式的手掌大小與性格、和性的研究，得到和朱雷格爾同樣的結果。據說，朱雷格爾檢查了一萬五千人的手後，才得到此結果。有趣的是，(P)的大小，在男性方面，與睪丸的大小有關，女性方面則與骨盤有密切的關係。

＜女性方面＞

18～19公分　乃標準型。性的發育屬一般性。胸部、臀部的發育與身高成比例。

20公分以上　稍偏男性、較骨感，全身較有重力感。蘇聯女性較多這類型。性的興趣較薄，較有男性氣慨。

18公分以下　較偏於柔弱、胸部發育不良，多屬美人型。裸體較沒魅力，不論穿東、西式的服裝都很合適。在性方面，屬感激型，對性頗強烈卻很易疲乏是其缺點。

＜P與L的關係＞

・P與L的長度幾乎相同的話　不論男女都富於精力，胸部與臀部的發育都很好。在性的方面，屬於標準以上。

・L較大的話　較女性化，多為高眺、苗條型，性方面不強。喜歡講求氣氛，會壓抑動物性的衝動。對性有不潔感。

・P大的話　有著相當大的性慾。對性控制較難，所以，與異性的痲煩較多。

性感廣告(1)

首要介紹的是對女性的性異常度之測驗。

下面三幅畫是化粧品的廣告，你對哪幅廣告最有好感？

1

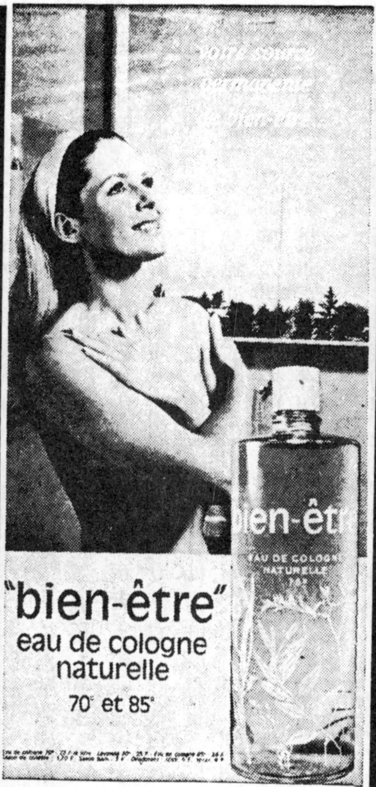
bien-être
EAU DE COLOGNE
NATURELLE
"bien-être"
eau de cologne
naturelle
70° et 85°

3

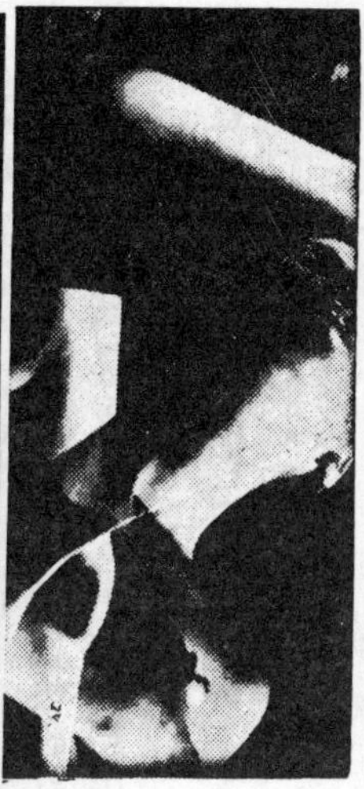

2

你的性感度是否異常？

選擇⑵的女性，其性的反應是異常的。女性通常比較喜歡羅曼蒂克、幻想式的性，比較不喜歡實驗性的性表現。如⑵之廣告，凡是有性經驗的，單憑直覺就能判斷出，圖片中的女性會在什麼樣的場合之下，表現出此種表情。再者，鏡頭重複下的女性之腳的姿勢，實在說不上是很羅曼蒂克的性刺激。所以，一般的女性看了此張真實的性姿勢照片，通常會有不安感和厭惡感。正常的女性，情願不去看到性方面的真實姿態，寧願對⑴或⑶的照片有好感。⑴的男女姿勢雖非常大膽，但照片中的服裝和氣氛，都顯示出中世紀夢一般的男女戀愛之感覺，是種讓人可以安心的性。所以，此廣告是以女性為取向的話，可以算是較偏於色情的廣告。可是，它也實在可說是很擅於利用性的廣告之代表作。⑴是屬於能予人健康印象的女性之性。

最近的廣告之中，訴諸性意識的很多。當然，利用報紙、電視等傳播媒體的廣告，不可能做一種直接的性表現，所以，它要去設計許多各式各樣的性表現。對廣告人來講，怎樣去構想能引起男性對性之共鳴？怎樣去想出不惹女性討厭，又能引起女性之性刺激感的廣告效果，是需絞盡腦汁的。

對「意識下挑戰」的作者史都華・貝卡，對廣告中所表現的性之潛在意識，有如下的解釋：

1、人一看到性就有恢復青春之感。

2、由於性，男性更能確定自己的男性氣慨，女性也能確定自己的嬌媚。男女關係顯得混亂的今天，這份的確信尤顯得重要。

3、性是人類所有感情中最基本的一種。性成為「忘掉一切」的手段。例如：強烈的感受一種健康的性觸發，和只是在雞尾酒會上初次認識，或單憑工作認識的那種疏離關係是有別的，前者給人舒適的感覺。

4、性是一種自我的表徵。在美國，要在大衆顯示自己的魅力，以性感來表現是最簡單的方法。欲吸引別人對自己有印象，利用性最能發揮大效力。

如右圖，是非常受歡迎的美國啤酒瓶子。此啤酒瓶子做的像個人的形狀。它的模樣會讓我們聯想到男性的象徵。

另外，可口可樂的瓶子，也會讓人聯想到性感女性的裸體，也會讓人在下意識中，聯想到黑人的強有力的陰莖。

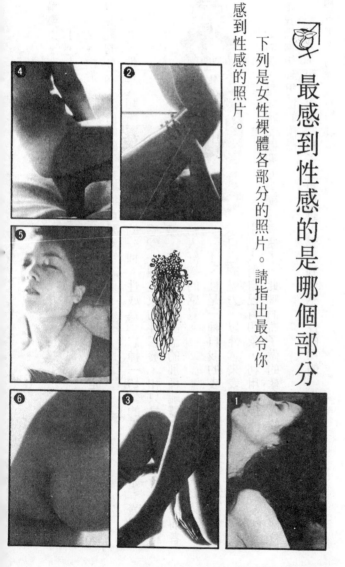

最感到性感的是哪個部分

下列是女性裸體各部分的照片。請指出最令你感到性感的照片。

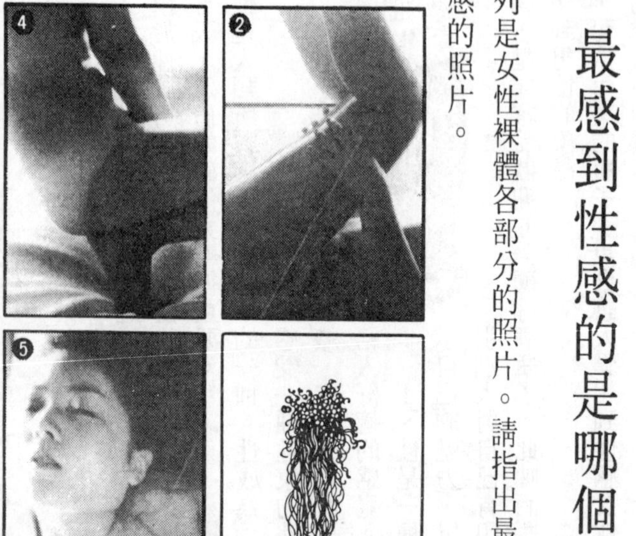

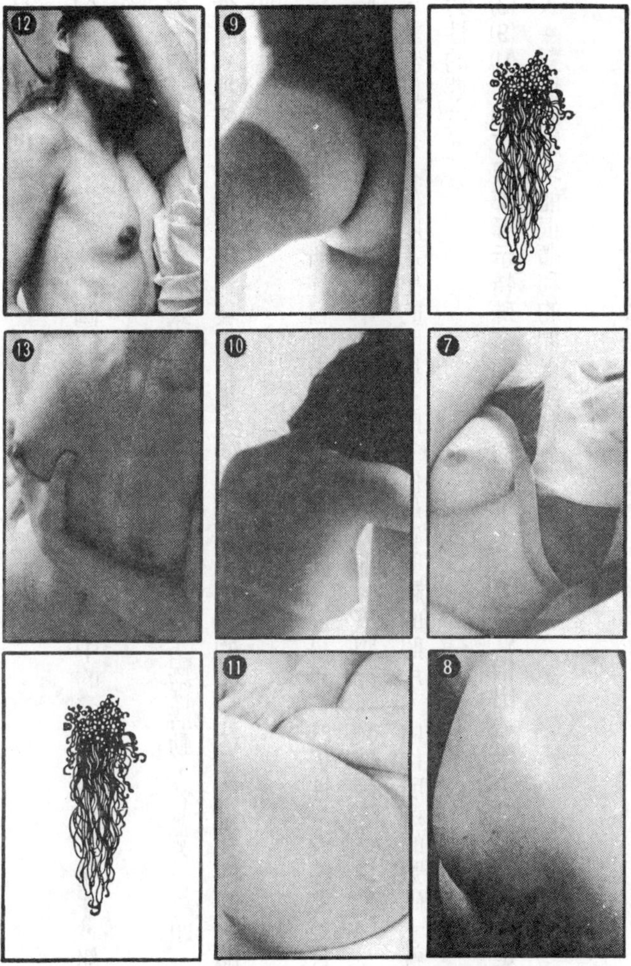
12
9
13
10
7
11
8

喜好會依年齡而有變化

對裸體照片的喜好，與對性的關心是非常有關係的。照片中的姿勢、背景及配件，都有很大的影響。

照相機上的「鏡頭」可以機械式的記錄下，人的眼睛活動、視線活動，若憑著「鏡頭」來觀察男性看到裸體時的樣子，會發現有很大的個別差異。有的人最注意的是女性的胸部，有的人則會注意頭部等。

另外，由於年齡之不同，所注目地方的比例也有不同。愈是年輕的男性，視線愈是會灌注在眼睛、臉部和腳的部分，而中年男性則會注意臀部、下腹部、胸部等等。

現在，讓我們來看看你所選出的照片，即，你最感興趣的照片。由你所選的號碼，就可看出你對性的態度。

• 選(3)(9)(11)，即下腹部顯示特殊姿態照片的人——一下子就指出這幾張照片的人，是很誠實的人。對性的慾求能很順利的加以控制。

這類型的男性，絕不會是色情狂。他們會很有技術、很有要領的來發洩自己的慾求。

・**選⑵⑷⑻，即手、腳部分照片的人**——這種人老是喜歡向女性表露自己。在與女性交往時，會很特意的顯示出翩翩風度，裝出一付紳士的模樣，結果，反而不討人喜歡。

・**選⑴頭髮的人**——這種人的性經驗似乎很多，出人意外的，反而很少。看起來是很會討女性歡欣的天才型人物，事實上，在性方面，根本未成熟。

・**選⑸臉部的人**——在性方面比較偏女性的。對性的關心與一般男性稍有不同。

・**選⑺⑽胸部的人**——是一種單純的性反應，很自然。不會做出什麼異常的行為。是個可以自我節制的禁慾主義者。

・**選⑹臀部的人**——較容易憧憬屬於母性化的性。對年長的女性較易感到興奮，有強烈的戀母情結。

這種類型的婚姻生活一開始就失敗的話，就很難享受到幸福的性生活。

・**選⑿⒀胸部和手的人**——追求技巧的性、喜歡講求姿勢、氣氛、前戲的類型。他若熱愛某一女性，就不會去考慮到其他的事情。此種人喜歡看大膽的A片。

性感廣告(2)

這兒的幾張照片和圖片，都是摘自雜誌上的廣告。這些廣告的目的，不外乎是要引起我們的興趣。但是，人們對這些圖片的關心程度，是因人而異的。請在看了下文後，根據指示，圈選出你所認為合適的那項。

1

下面的女性裸體照片，是用在女性貼身內衣的廣告中。最引起你注意的，是哪個廣告？

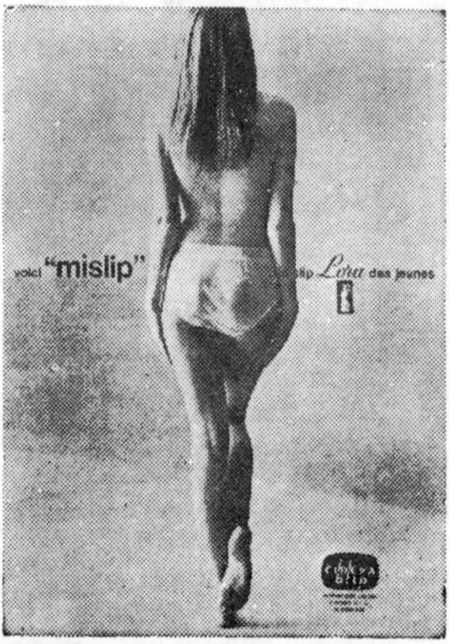

A

C

Vous pensez confort et art de
plaire lorsque vous choisissez
vos dessous. Vous souhaitez
être à l'aise et sûre de vous...
Warner peut satisfaire à la fois
votre désir de bien-être et votre...

B

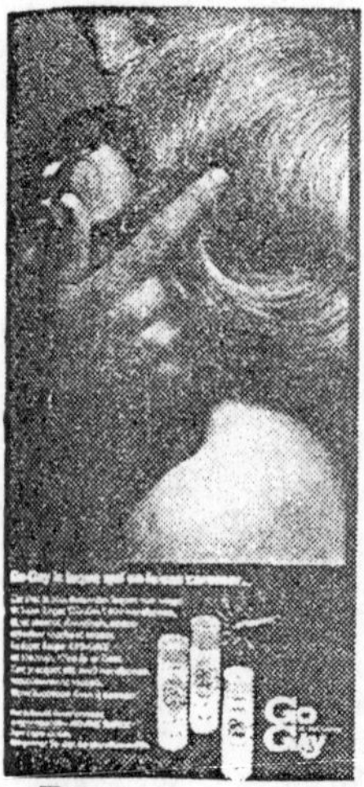

B

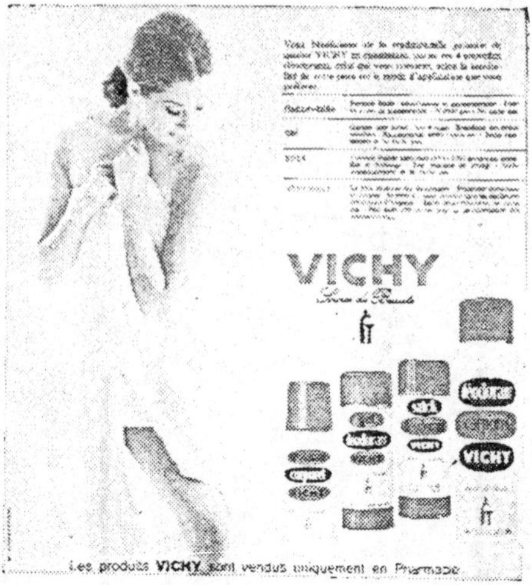

A

2

上面的半裸照是用在女性的化粧品廣告上。依你看，哪幅廣告最具魅力？

3

左邊是三張床的廣告，請問你對哪張床最感興趣？

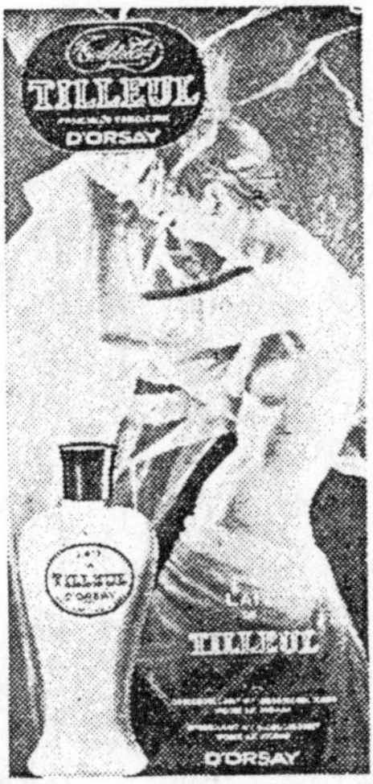

C

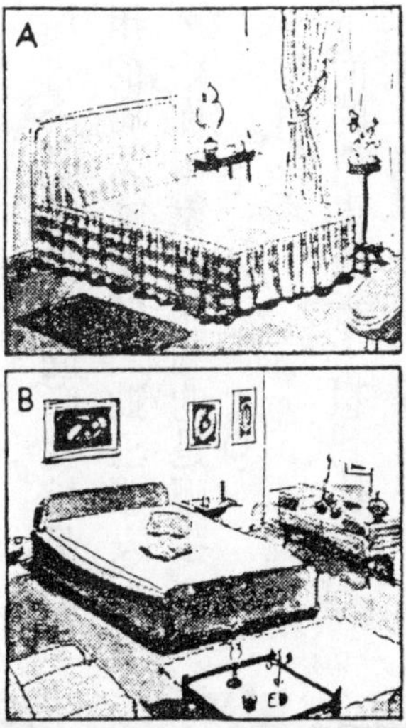

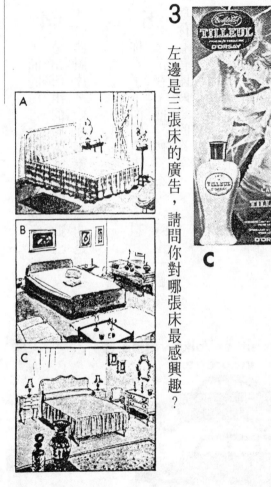

4 下面的廣告，是某世界聞名化粧品公司所用的廣告。請問，此三張女性臉部照片，給你印象最深刻的是哪張？

5 你看了下面的汽車廣告，想到什麽？請在下面三個答案中，選出一個與你心有戚戚焉的答案。

(A)「我很想開車。可是，若因此發生車禍，一生不就完了？」

(B)開這種車子，在女孩子面前豈不是很拉風？

(C)「價錢要是能再便宜點更好」。

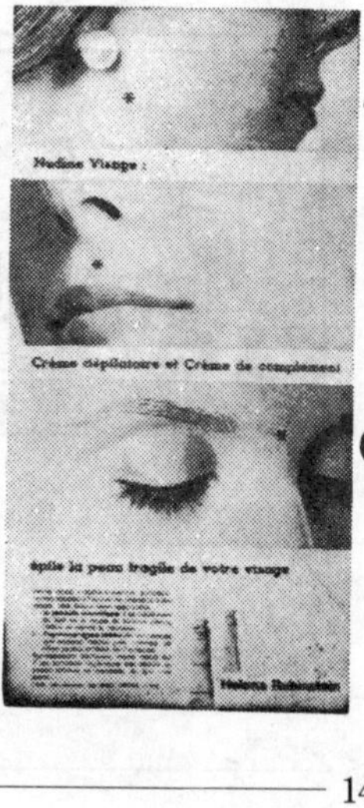

A

B

C

6 這是男性的睡衣廣告，你看了這廣告有何感想？

(A)「穿著內衣睡就好了。我才不穿睡衣呢！」

(B)「光著身子睡覺才舒服呢。跟女人睡覺不也是要光著身子嗎？」

(C)「這睡衣真棒。與我現在所穿的睡衣比起來，這件的樣式好看多了。」

這是你的性智商

＜判斷法＞此測驗的目的，是要知道你的性度，也就是「ＳＱ」（Sexual Quotient）。一九六八年發行的≪花花公子≫，曾刊載了與之類似的測驗。它是以五十四個問答方式，來測知讀者的「ＳＱ」，而不是「ＩＱ」，ＩＱ是智商。換句話說，這是診斷性智商的測驗。

在此測驗中，答Ⓐ得５分，Ⓑ得10分，Ⓒ得１分。首先，把你所圈的記在畫○的記號欄裡，並加以整理。然後把合計的分數加上四○分，照如下的方法看出你的性智商。

	○所選的題號	得分
1		
2		
3		
4		
5		
6		
合計		

90分以上　你的性智商很高，差不多比實際年齡還年輕個十歲。在性方面，你稍微有點自我中心。與其被愛，你寧願積極的去愛別人。對於自己的體力和性的魅力，也都很有自信。看到鏡中的自己，甚是得意。你對女性的身體和心理，都有銳利的觀察力，你也有使對方滿足的技巧。你對性的興趣頗高，很喜歡把自己具有的性知識用在愛人身上，或妻子身上。我想你是不會滿足只有一個妻子，會一再地去追求新的女人。

70～89分　最平均的性智商。在性方面，你可以享受比你年齡還年輕兩、三歲的性能力，不過，要視當天的情況而定，它會影響你的性表現。當你比較急躁，或消化不佳時，你就沒有辦法發揮真正的精力。你對性的關心巒普通的。不過，你有能力在性方面取悅女人，但，技巧並非很好。你有一種以平凡技術征服對方的能力。你的男性表徵並不在一般以上。

50～69分　你在性方面，有比年齡還老個兩、三歲的傾向。27歲以下而屬於此型的人，在性方面是屬於未成熟的。有時你會藉著手淫來自我滿足。在性行為之前，有時你會踩下剎車，你喜歡理論的東西，也喜歡讀書。在性行為之後，你喜歡一個人看書或看電視，而讓對方自己睡覺。對性方面，你是非常淡漠的。

49分以下　這是在一般以下的性智商。此種人缺乏性經驗，單看異性裸體就會興奮莫名，有早洩的傾向。對性的想像也不強，讓女性滿足的技巧也很差。

以二十歲至二十八歲的男性為對象，調查其各屬於以上的哪種類型，結果得知所佔的比例如下。（七十八名中所佔的比例）

90分以上　一七・五％
70～89分　四五・三％
50～69分　二七・六％
49分以下　八・九％

另外，女性方面，50～69分的佔非常多，70分以上的佔百分之三十左右。

夢中的性遊戲

一般人都認為，夢可以解釋為做夢人的心中狀態、慾望及其不安。「夢的判斷」、「解夢」就是以這樣的意義來告訴我們，各種有趣的事情。另外，又有人說，夢是在告訴我們平日的慾望，當一個人強烈希望與一美麗女子約會，且與之雲雨一番時，他在夢中就會讓此願望實現。並且會在夢中，享受到想也想不到的行為。

下面的二十幅圖，就是讓你在夢中，把隱藏在心底的「欲與美麗性感的女人一

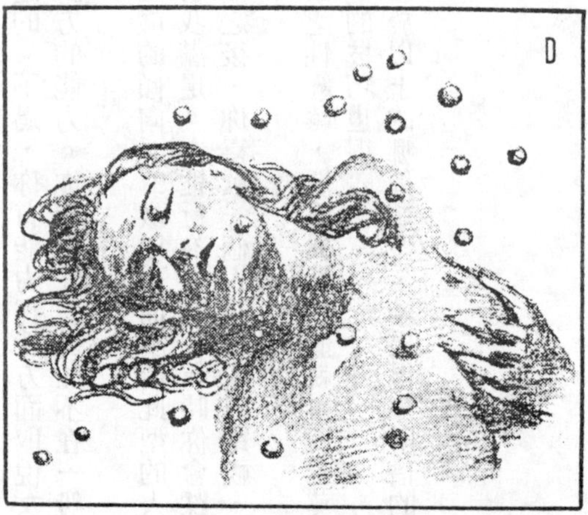

起玩性遊戲」的慾求，得以實現的夢。

現在，你就在其中，選出你最希望在夢中實現的四張圖片。

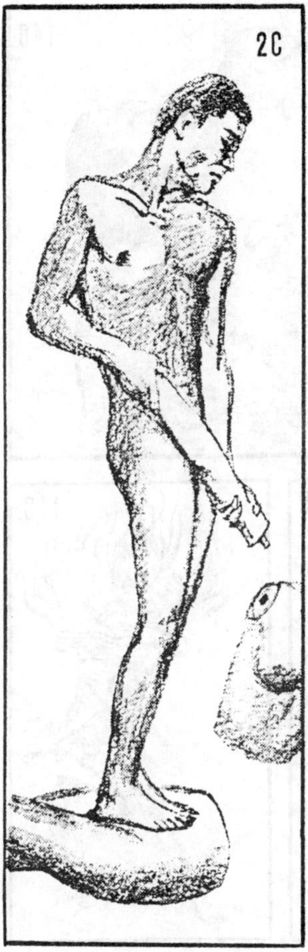

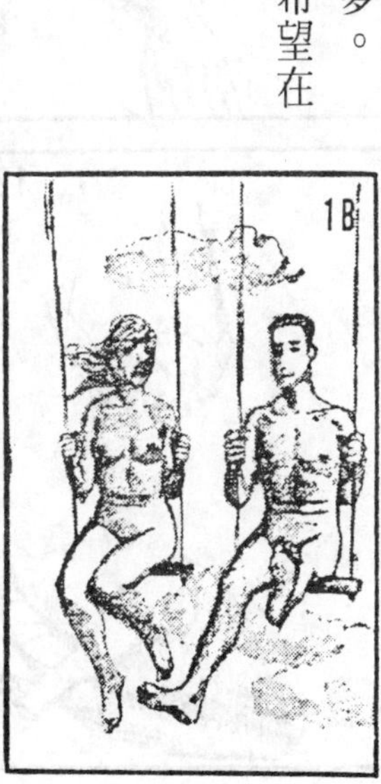

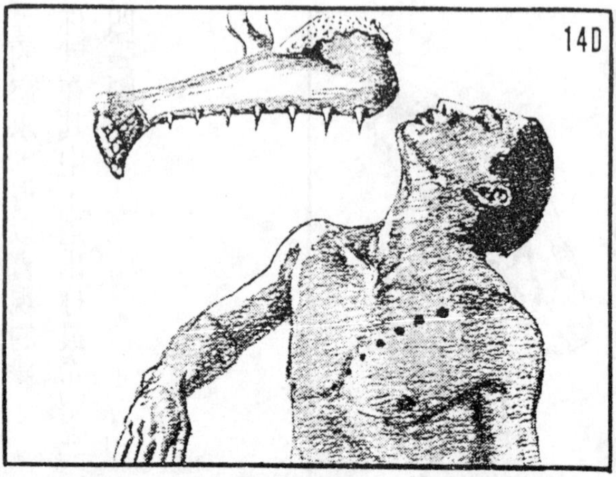
14D

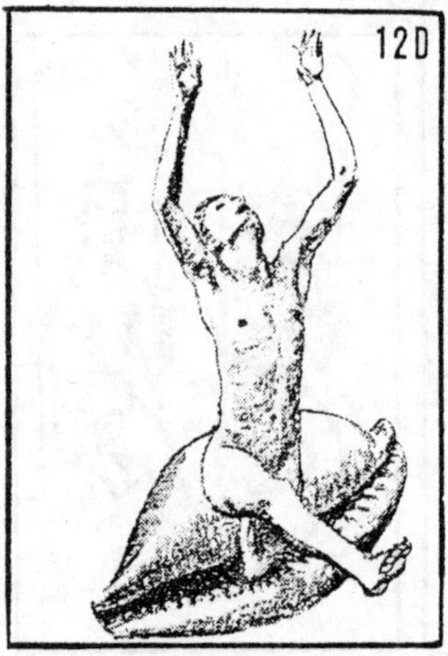
12D

11C

6A

5A

15B

8A

7C

10D

9C

13B

16D

B

4A

D

3B

B

在你心中蠢蠢欲動的慾望之真面目

頌迪認為，人的一切行動、態度、慾求，都出於四個因素的衝動，因此而成立了人的精神構造之理論。檢視這些的方法，需藉由特殊的頌迪測驗（讓受測者看具有四個因素的人臉，然後依受測者的喜好與否，診斷其衝動。日本在數年前曾介紹過此測驗，且將之用於診斷上）。

此測驗所具有的最重要作用，就是性的衝動。筆者本身在過去十年間，也有利用它的經驗。此頌迪測驗用在性的診斷上，尤其分明。

頌迪把性的衝動分類成如下的兩個要素。

⑴Ｈ要素（同性戀的傾向）。

⑵Ｓ要素（施虐狂的傾向）。

另外，他又把同性戀的傾向分類為：⒜對特定的人，或家人的個人之愛，女性化的母性愛之愛，以及⒝人類愛、集體的愛、男性的愛等。在⒜的性中，是親切且充滿著情愛，是美麗且希望表露出來的性，⒝的性，則是沒有性慾的性，是屬於妓女式的。

而S的因素又可分類為Ⓒ攻擊性的性、變態的性、Ⓓ犧牲的性、受虐式的性等等。

在我們的性衝動中，有這四個要素，這四個要素有時或會取得調和、或會失去平衡，總之，它就是被反映在日常的行為中。在女性方面，Ⓐ和Ⓓ的衝動較強，在男性方面，Ⓑ和Ⓒ的衝動則較強。

本測驗「愛」的故事中，除了數字外，還有字母的排列，此即表示衝動的內容。

現在，讓我們來看看你的性衝動究竟如何？然後做一個判斷。

〈判斷法〉你可以在下列的表中，用黑簽字筆或原子筆，把你所圈的Ⓐ、Ⓑ、Ⓒ、Ⓓ予以塗黑。Ⓐ和Ⓒ是在上格，Ⓑ和Ⓓ是在下格，請用筆加以塗黑。

例如：Ⓐ是3，Ⓓ是1的話，就塗成像左表這樣，然後，你就可以藉此得知，你的性

你的結果（例）

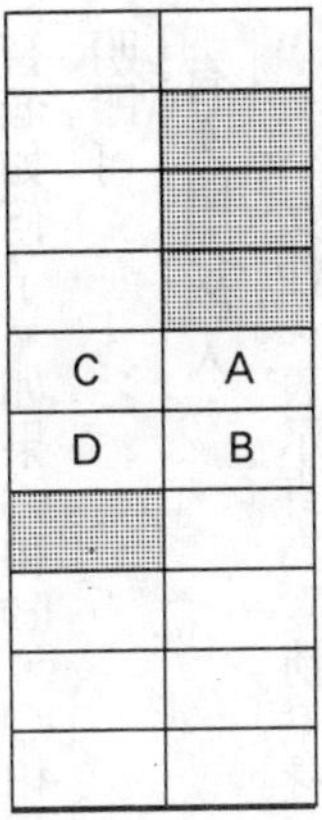

你的結果

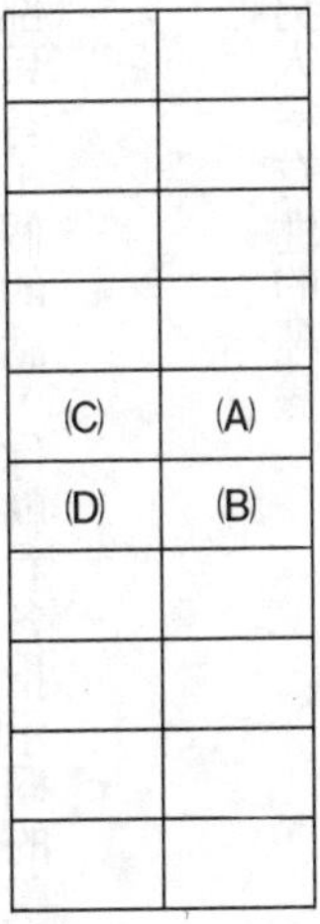

智商如何了。如果(A)和(B)，(C)和(D)都有兩個，或全部只有1個的話，你就看各指示欄的說明即可。

有4個(A)的人

（女性）表示肯為愛情獻身，會盲目的愛一個男人。有性的經驗。

（男性）稍有同性戀的傾向，有一點女性化。性方面不成熟，是自戀型。易藉自慰滿足。

有3個(A)的人

（女性）被動型，但會為愛人或丈夫盡心盡力。是個順從、賢慧，值得愛的「可愛妻子」。在性方面不喜歡冒險，但能從中體會出樂趣。不太喜歡在明亮的房間裡進行性行為。對接吻或前戲的反應蠻快的。

（男性）對性毫不著急。與其說對性行為感到滿足，不如說是，對兩人的甜言蜜語、彼此的愛撫感到滿足。對少女、女學生更易感到性的興趣。

沒有(A)的人

（女性）對性毫不感興趣，是身體虛弱所導致的性無能。

（男性）是野性的，常喜歡以暴力來處理性，易犯強姦的人。

有4個(B)的人

（女性）昇華了性的狀態。可以在文字、藝術、運動中，發洩了性的慾求。其性的品質極優美，且質量方面均佳。不太接近男性。

（男性）喜歡同時交好多個女性，而不是情鍾一人。在吵吵嚷嚷之中，才能感到性的滿足。尤其是跟同性朋友在一起時，會用其他的方式發洩性的衝動。不會常常想到性事。

有3個(B)的人

（男、女性皆同）性很開放。由同情而發展為戀愛，即由友情變成愛的性。在做愛時，常會想到夢或道理。在團體中易與異性接觸，但，一對一的交往就不行了。有外遇的話，馬上會被察覺，總之，毛病多多。不在意性技巧或氣氛，但又害怕過著乏味的性生活。

有4個(C)的人

不管男女，對性的慾求都是偏低的。

（女性）較男性化，在性方面，也很喜歡自己居於領導的地方。性行為中，喜歡居於上位，若不是由自己領導，就不高興。易與較年輕的男性有性的瓜葛。有受虐的慾望。

（男性）是大膽、自我中心的性。常只管自己的滿足，不在意對方的心情。腦中只想到自我本位的發洩慾求，沒有想到技巧什麼的。對女性而言，是個很差勁的性對手。他顯示的是，沒有經驗且未成熟的年輕男子的性。中年以上時，恐有性智商走下坡之虞。

3個Ⓒ的人

（女性）情有獨鍾、熱情的類型，但遇熱又極易冷卻，且會馬上移情別戀。大膽、熱情，屬於女侍的性。

（男性）這是顯示可靠的性之男性，取悅女性的技巧很高，也表示此人非常具有活力。性精力很夠，對性的好奇心很強。對性姿勢或性行為很在乎，有研究的熱心。

沒有Ⓒ的人

（女性）認為性是骯髒的，她憧憬的是像少女一樣的純潔，唯恐失去童貞。

（男性）常會勉強自己去壓抑性的慾求。性方面很弱。

有4個(D)的人

（女性）被動式的性。最喜歡被愛的感覺。不是敢愛敢恨型，只要能取悅性對手，他都很樂意做出各種姿態。絕不喜歡上位的體位。就算被強姦，也不會感到難受。

（男性）稍有同性戀的傾向。有時不滿足於普通的性動作，對於比自己年長或強悍的女性很有興趣。

有3個(D)的人

（女性）總是有被某個男性愛的運氣。服務精神很旺盛，性的反應也很快。但是，不會自動的去找對象。所以交往的對象，多是公司同事與家人。對男性而言，是個可靠的類型。

（男性）在性方面頗弱的，有強烈的自卑感。沒有氣力、不喜冒險。連去拈花惹草都做不到。對妓女尤其有強烈的恐懼心理。

沒有(D)的人

（女性）有著妓女、妖婦式的一面。對於在鏡前的性行為尤感到激動。

（男性）易控制自己的性衝動，不會真正表達自己的慾求。喜歡稍稍變態的性，對色情很感興趣。在鏡前的性行為最讓其感到愉快，對自己的體態尤其感到興奮。

(A)和(B)各有2個的情形

（女性）喜歡做大膽的愛情表現去取悅對方。但是，對真刀實槍的性行為卻不太有興趣。對方所喜歡的，她不一定喜歡。在性方面也一樣，即使有那種氣氛，也會臨場退縮，頗令男性失望。

（男性）性技巧很差，不被女性喜歡。性慾雖正常，卻不敢追求女性，以致機會常消逝無蹤。

(A)和(D)各有2個的情形

最女性化的性。以溫柔嫻淑的女性居多，在性方面也屬標準型。男性很少有這樣的類型。在同性戀中擔任的是「女人」的角色。

(B)和(C)各2個的情形

最男性化的性。追求的是男性化的性行為。以能滿足女性為樂，對性易流於事物性的、自我本位的，充滿著能夠讓女性享樂的性經驗。女性很少有此種類型。若有，則屬於男人婆類型。在同性戀之中，易變成虐待狂。

Ⓐ和Ⓒ各有2個的情形

這是女性較多的性，很希望被擁抱，有與把對方當做自己來虐待的相反慾望。當她的愛轉為「恨」時就糟了。如果對方變心，她一定會復仇。

若為男性，則是很有韌性的性，一方面會傷害對方，但又會予以強烈的愛情。以中年型的性居多。

Ⓑ和Ⓓ各有2個的情形

壓抑著性慾的狀態。對性是淡漠的，過於清高。幾乎不把性放在嘴邊。自慰的次數很多，性方面是不成熟的。若與女性的性行為總是不順利的話，就會以自慰來解決。

Ⓒ和Ⓓ各有2個的情形

（女性）馬上就能取悅對方。對方若是強悍的男性，她會完全依著對方的意思去做，對方若比較柔弱，她也會自居於性的領導地位。是稍有虐待狂與被虐待狂的混合狀態。

(A)(B)(C)(D)各1個的情形

是非常安定的性。很有控制性慾、發洩性慾的技巧，是一種成熟的性。屬於健康的、愉快的性狀態。

第四章
智能測驗
HOW SAVED IS YOUR JUDGEMENT?

迷宮　下面所繪的是個四面皆牆壁的迷宮。由此圖的Ａ至Ｂ，用鉛筆畫畫看。畫到Ｂ後，再畫一條線到Ｃ和Ｄ，但是，畫一條由Ｂ到Ｃ的線時，鉛筆不能離開紙，也不能越過牆，且由Ｂ到Ｃ的線，必需是一直線，且必需是最短的距離。

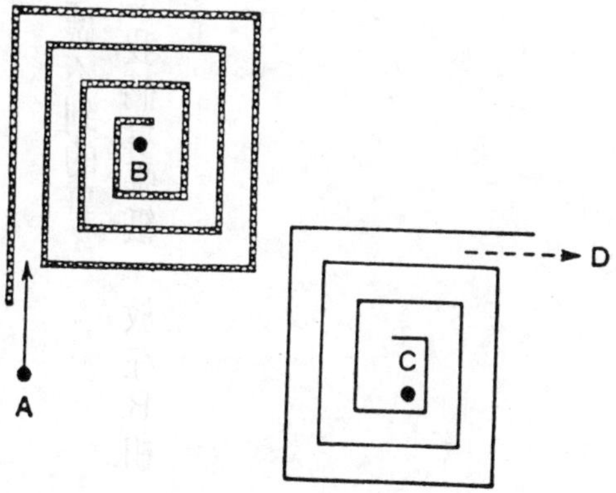

〈解答〉

要由B畫一條直線到C，且不能越牆，根本是做不到的事。但是，再仔細想想的話，還是有解決的辦法。我們拿張紙，放在B和C之間，然後由B延著這張紙，就可畫一條線至C了。如此，鉛筆既不會離開紙，也能從B畫線至C了。

下面將介紹的就是像此般，確知「思考能力」的測驗。

廁所的爭論

日本在建築摩天大廈「霞關大廈」時，曾引起種種的話題。

這棟三十六層的建築，是日本最早的摩天大樓，所以，在設計上頗費一番心機。

但是，最爭執不休的一項設計就是：此棟摩登大廈的公共廁所是要採「洋式」的？還是「和式」的？

如果你是必需做一決定的最高負責人，你到底要採「和式」的，還是「洋式」的廁所呢？

無法隨便就決定的問題……

回答採「洋式」的人較多吧。做此回答者，通常較輕視「人的喜好和習慣」。例如：此種類型的人在開發新製品時，很易獨斷獨行，而犯下重視個性化、不重視實用的錯誤。

在人的喜好中，有一種想藉傳統習慣來選擇東西的強烈傾向。新的東西或新的型態成為一般化所需的時間，長的出乎我們的想像之外。例如：沒有擋泥板的車型，早在一九三八年即被設計出，然，此種車型在十六年之後的一九五四年始普遍化。一九六三四月，民放五社調查連絡會議曾對札幌、東京、名古屋、大阪、福岡的三千位男女，調查其生活方式、習慣、喜好等等方面的洋化程度，得到如下結果：相當洋化的人佔全體的百分之三點九，稍微有點洋化的佔百分之十一點六。而百分之六十點二的人，有日式化的傾向，有百分之二十四點三的人屬於中間型。

另外，據同時期的厚生省保險衛生基準調查得知：早餐吃麵包者佔百分之六（在七大都市則是佔百分之十一點八），百分之九十一點五的國民，過著以米食為中心的生活。

在日本的如此生活模式中，想把36層大廈的廁所全部採西式建法，實在不是符合現實的想法。

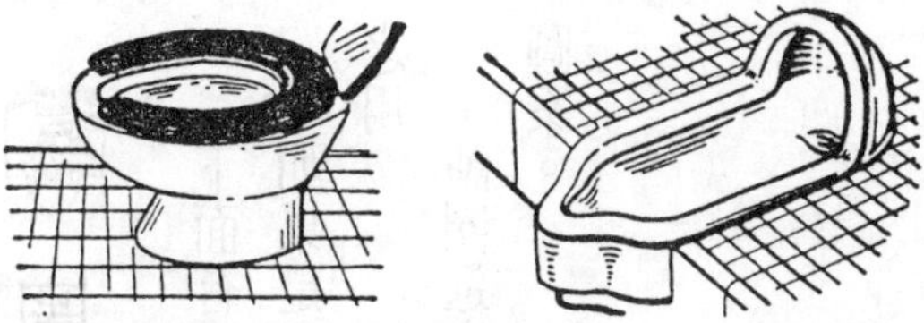

近代化的霞關摩天大樓，在設計當初，為廁所採和式或洋式建法而大傷腦筋，乃理所當然之事。此一問題究竟要如何解決才理想呢？如果完全建成和式的廁所，當然比完全建成洋式的更不符合現實性。

就這點來看，我們不妨考慮如下的情形。

1、設計和、洋折衷型的新型便器。

2、在同一廁所內，一起設計洋式和和式的便器。

由結論來看，兩者都不適於摩天大廈。1的折衷型，形狀很怪，看起來很不順眼，以大廈的構造來說1、2的在一廁所中擺和式、洋式兩種便器、更是不方便。

最後，霞關摩天大廈是以如下的方法解決的。

「原則上以洋式廁所為中心，只有在特定樓層完全採和式廁所。」

換句話說，1、3樓若是和式的，4層樓以上的就完全用洋式。如果讀者的答案與此很相近的話，就可說是符合現代企業所要求的，既聰明、又有新觀念、又符合現實的點子王。

堅持一定要完全採洋式的人，或堅持統一用和式的人，就不具有這類的才能。

圖案測驗

下面有(A)、(B)兩種的徽章和圖案。如果是你，你會選擇哪個圖案做為廣告之用？

請圈選出你認為「最美」、「最好」的圖案。

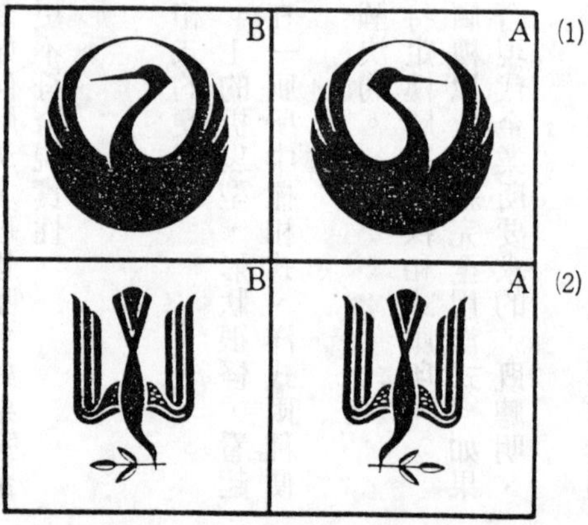

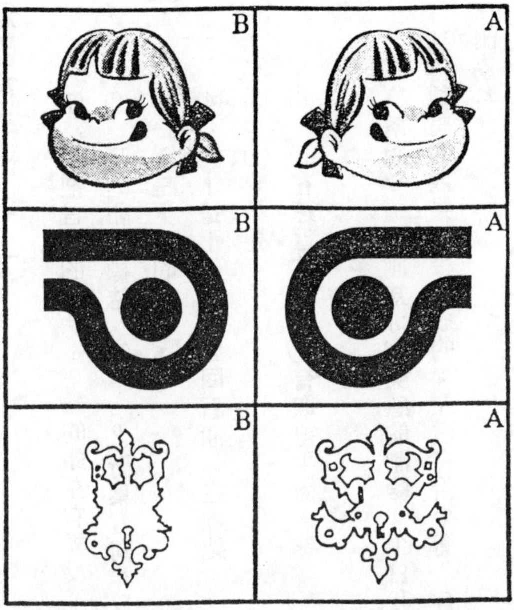

(3)

(4)

(5)

(6)

你的美感是否在平均以上？

(1)Ⓐ把日航的標誌——鶴的頭左右弄反了。Ⓑ才是正確的。

(2)Ⓑ的和平標誌「鴿子」之銜葉方向弄反了。Ⓐ才是正確的。

(3)Ⓐ是正確的。

(4)Ⓐ才是正確的「共同石油」之標誌。

(5)Ⓐ較漂亮。

(6)Ⓑ在遠近的表現上有取得平衡。

＜解說＞這是測知你的美感的測驗。平日我們所見的標誌，都是考量到各種美的效果而設計成的。左右有否平衡？有否變形？都會給人不同的印象。

因此，如果你所選出的圖案，與專家所設計的相同的話，你的美感就

可判斷是在平均以上了（如⑶圖般日常可見的圖形，也是一種記憶力的測驗）。

美感，會因知識和教養而有差別，同時，這也是個人喜好的問題。

在圖案方面，有克雷布斯的「圖案判斷測驗」，在繪畫方面，有L・赫畢斯、巴德、艾森克等人的研究，他們都是針對性格和繪畫之喜好來做研究。

在這些圖案之中，最令人感興趣的是，⑷的共同石油之標誌。此標誌是經過種種的調查研究，才被設計出來的。

共同石油，是由亞細亞石油、東亞石油、日本礦業三個公司，於一九六五年八月所共同合併的新石油公司。

在這之前，日本礦業是用仙人掌、亞細亞石油是用梟，東亞石油是用駝鳥，來做為各公司的標誌。

因此，合併之後，他們必需另外去設計一個與之前的標誌內容完全不同，且能夠表現新公司形象的標誌。

於是，他們公開徵求標誌的設計。結果，大半的應徵作品，都是以會讓人聯想到其他石油公司印象的鳥、動物、或植物為圖案。

最後，他們選中一個由紅色太陽，藍色的公路線所形成的標誌。此標誌，色彩強烈，又富個性，他們用此標誌打了一年的廣告之後，果然，此公司的知名度大大的提高了。

在報紙的廣告上，他們打出「徵求符合此標誌的公司名稱」的標題，受到大衆的矚目。

據說，某名歌手看了此標誌後，說：「它好像是拿波里的海和太陽。」就像如此般地，它可以引起人們各種各樣的聯想，效果實在非常的大。

然而，此標誌與法國某透明膠帶公司所使用的標誌，極為相似。不僅是顏色、形狀，連周圍的藍色線條也都同樣朝向右側伸展。

對星空的印象

這是一張星空的照片。看著星星，會讓我們油然生起各種賦有詩意的瞑想。

看了此張照片，你會聯想到哪個詞句呢？請從中選擇其一。

(1) 浪漫
(2) 孤獨
(3) 平和
(4) 未來
(5) 過去
(6) 廣大

能傳達意義的照片

〈解說〉這裡的幾個詞句，應與你看到此張照片時的想法相切合吧。單只是看這張照片，你或許不會有啥印象，但，當你看到所列出的詞句，應就會覺得這些詞句與照片所表達的意義都很適切吧。

若以和浪漫正相反的詞句「別離」，來形容此張照片的話，其實，也變能理解的。

換句話說，這張照片在「詞句」的傳達作用上，比照片本身還重要。

現在，請再看看下面這張照片。它跟前面的星星照片，有著相當大的不同。

要談這張照片時，我們所運用的「詞句」就受到很大

的限制。

前面的星星照片，若沒有附帶的這些詞句，其意義就不很明確，可是下面這張照片，即使沒有一些詞句來形容它，你也可以理解其意義。

在人的意思表達上，也有很多地方與此相類似。現實比語言更能夠把內容、或感覺，清楚地傳達給對方。

所謂的「不使用言語的溝通」（Nonverbal Communication），是人類能力中相當重要的一個部分。具有此能力的人，在看了右邊的照片之後，就會想到一些詞句來傳達其感覺。

這張照片是刊在加州大學教授，賽根•盧謝所著的一本書的末頁上。在這裡，它被用來表示「卷終」的意思。這張照片，很清楚的表示是「一條道路的終了」，也就是，它標示了「不能再前進」的意思。換句話說，作者藉著這張照片，意圖告知讀者，自己第一階段的研究已經終了。如果你能夠從這張照片中，體會出它所揭示的意義，那麼，你的瞭解他人心意的能力，相當佳矣。

漫畫教室

測驗(1) 下面是有著故事性的漫畫。為了做此測驗，我把順序弄混了。現在，請你重新編排其順序，讓它能夠成為一個連續性的故事。

（時間限制二十秒鐘）

A B C D E

測驗(2) 請依照前面的方法，讓此漫畫成為有故事性的漫畫。它比前面測驗的漫畫多了一張，所以稍較困難。（時間限制二十秒鐘）

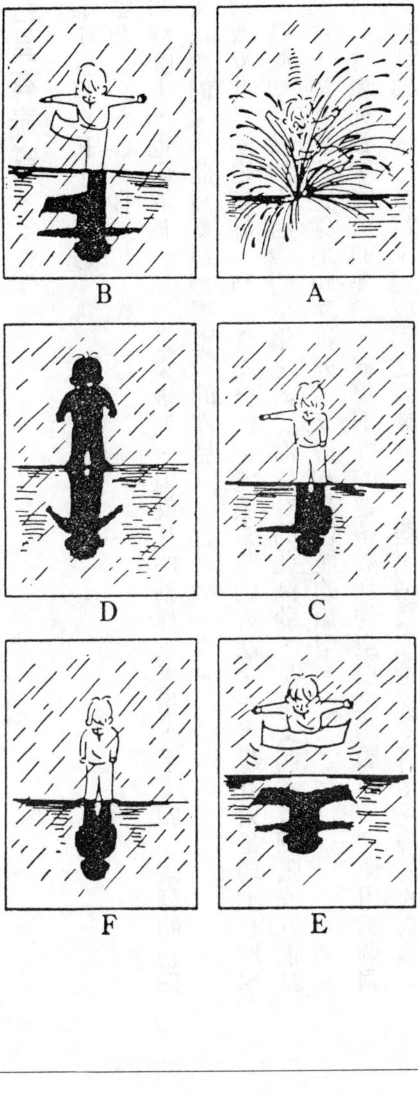

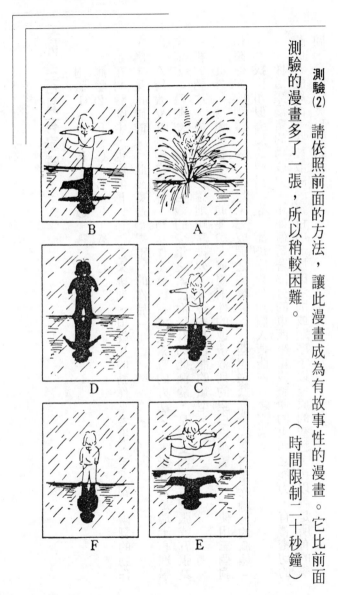

你是否具有素質……

測驗(1) D—E—A—C—B

測驗(2) F—C—B—E—A—D

在測驗(2)中，也可依F—B—C來排列，但就E的動作來考量，手—腳—兩腳的動作，應才是正確的。（此漫畫是「墨雷」的作品）

〈解說〉此測驗之設計，乃是作為分析智能及素質的方法之一，設計人是瑞士心理學家梅尤。為測知十歲到十七歲的少年之素質而設計的此測驗，是讓受測者看四張或五張為一組的圖片，依其能否正確地順序排列，來得知其智能的類型。

此外，「塡充數字級數的連續、或規則性的連續數列的空白之測驗」、「使用三個詞句來作文的測驗」、「補足未完成圖之測驗」、「運用四條線或半圖形自由作圖形的測驗」、「找出類似圖形的測驗」等，都是能夠測知個人智能內容之測驗。

像這類漫畫的構成力，和如何藉著部分的東西來組成整體的東西之能力，有著密切的關係。能夠從一些被散置的資料中，找出法則或順序予以還原的智慧，可以說是所有的學問、發明、發現的原動力。

樹與個性

如圖，有一座房子和道路。請你在路旁，畫上一棵你最喜歡的樹。哪種樹皆可。

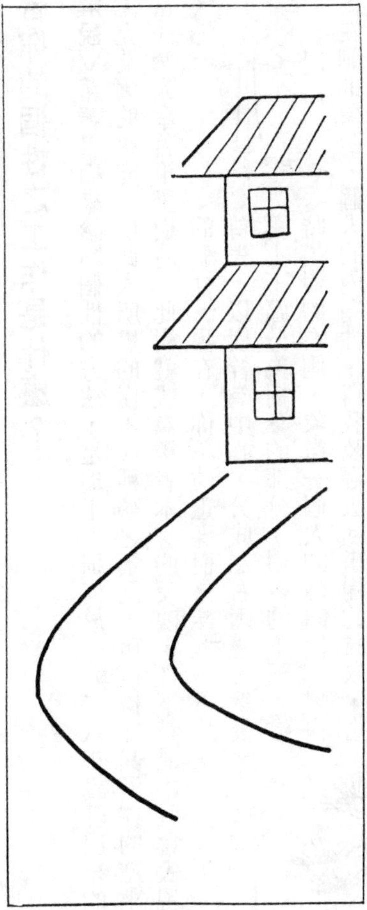

最適合你的個性之工作是什麼？

＜解說＞藉著畫樹來診斷個性的方法，是瑞士人柯何於一九二八年設計出來的。稍早，根據尤克艾爾的研究，依此人所畫的樹木、種類之不同，可以探知其潛在的慾求。換句話說，當一個人拿著筆畫樹時，此樹就成為畫者本身的反映，在下意識中就會表現出自己的個性。現在，你不妨畫棵樹來參考一下。

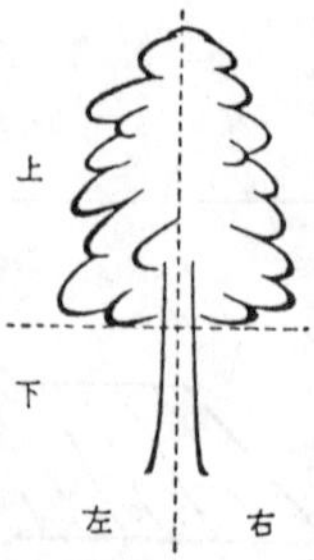

首先，以樹幹為中心，分成左右兩邊，然後再上下區分為樹葉的部分、樹幹的下部。這時，樹的右側，象徵一個人的外向性、現在、未來，左側則象徵一個人的內向性、自我及過去。畫樹的時候，右側畫的比較大者？對自己很有信心，甚為自負，非常外向。相對的，若左側畫的比較大，則表示此人是靜觀的、慎重型的內向性格。

把樹的上部畫的比較大者，表示對外界有積極的慾望，具有強烈的野心，下部畫的比較大者，表示有本能性的傾向，想法總是以利己為中心，動物性的慾望很強。根據國吉政一的研究得知，「樹冠描繪的發達，和人的成熟是呈平行的。幼稚園的孩童，所畫的樹幹比樹冠

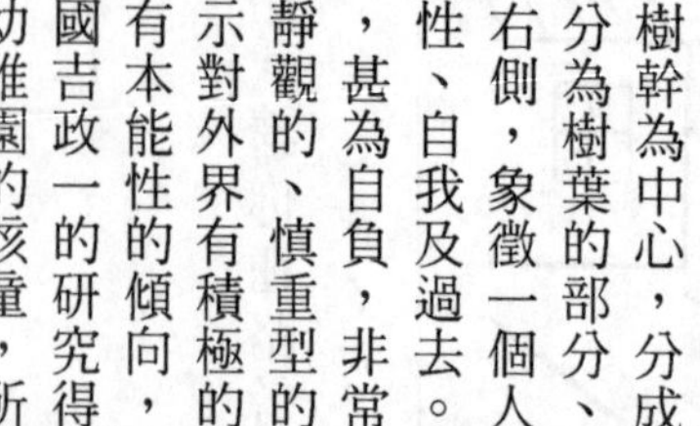

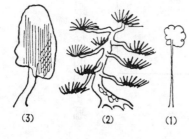

(1)　(2)　(3)

還大，成人則是比樹幹更強調樹冠。」

＜判定法＞

(1)是否具有符合「成人」的能力？　如果你畫的樹如(1)的樹般，樹幹細細的，葉的部分小小的話，你還很「孩子氣」，不具有完全成熟的大人之能力。成人所畫的樹，一般說來，樹的上部比較發達、比較大。有百分之八十七的大學生，上部都畫的很大。樹葉也畫的較具成人味。

(2)是否有社交性、適應能力？　樹的上部葉子畫的像松樹一樣（如圖(2)）的人，具有社交性，適應的幅度較廣，也比較有能力。另外，如果還畫有捲捲的線條的話，表示自我顯示慾強烈，具有演戲、演講、導演的能力。

(3)是否有服務的能力？　像圖(3)般，樹是彎向右邊的人，有為他人服務、奉獻、造福的能力。

(4)是否有詩意？　如圖(4)般，樹的上部畫的像雲一樣、或是圓圓的？或呈波浪狀的人，幻想和詩意都比較高。

(5)是否為能力不足的異常型？　如圖(5)般，上部畫的小小的，樹幹卻長長的人。

(6)是否虛榮？　如圖(6)般，畫出多加修整，這是虛榮心者所畫，擬人化的樹。

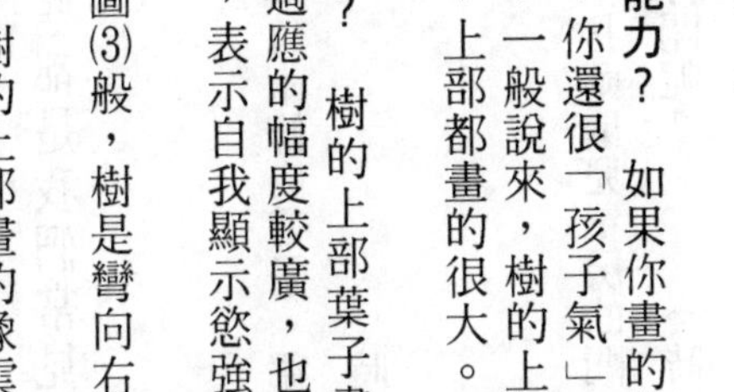

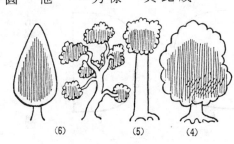

(6)　(5)　(4)

三秒鐘做決斷

請仔細看下面的圖。這些都是我們常見的各種製品。請邊看問題，邊圈出適當的答案。

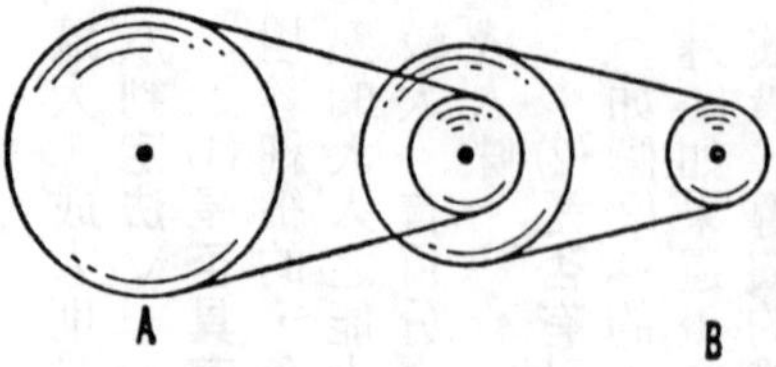

問題1　上圖的A、B兩條皮帶子，哪一條轉的比較快呢？（時間限制三秒鐘）

問題2　下面有A、B兩扇兒童房的門。哪一扇門較易且較少出力的打開呢？（時間限制三秒鐘）

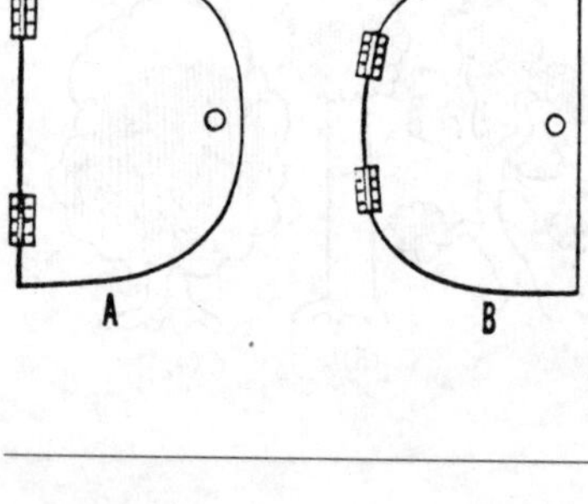

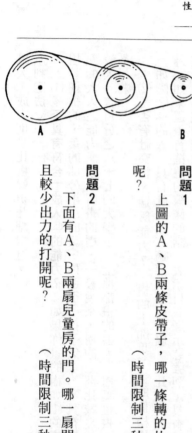

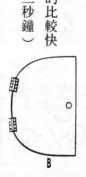

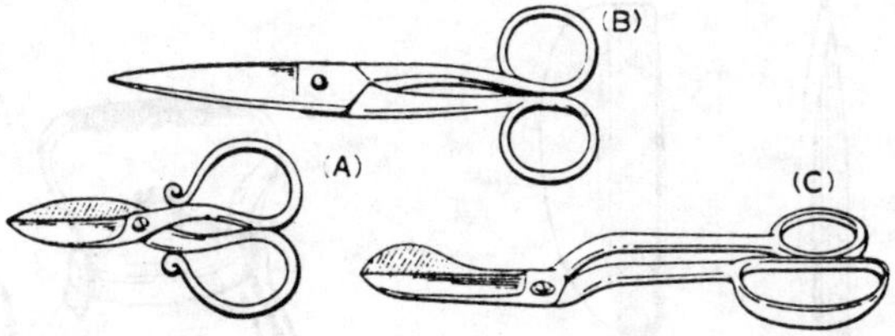

問題3　你想剪去空罐頭上的蓋子，用來做孩子的玩具。你會用上面哪一把剪刀來剪呢？

（時間限制三秒鐘）

問題4　常用的汽車剎車把手，是下面四個中的哪一個？

（時間限制三秒鐘）

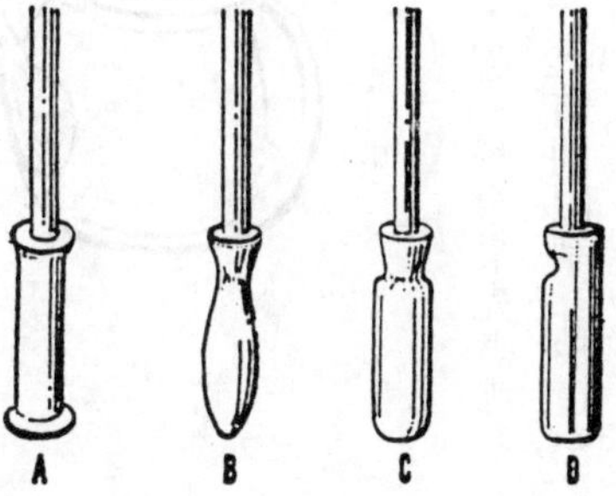

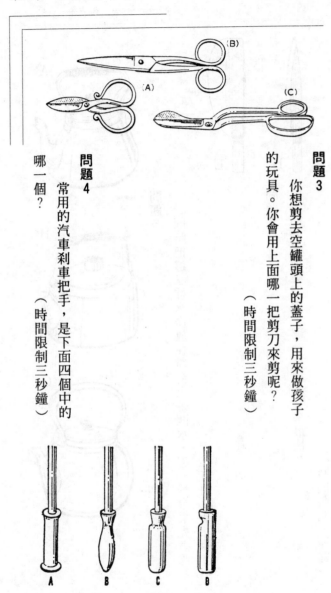

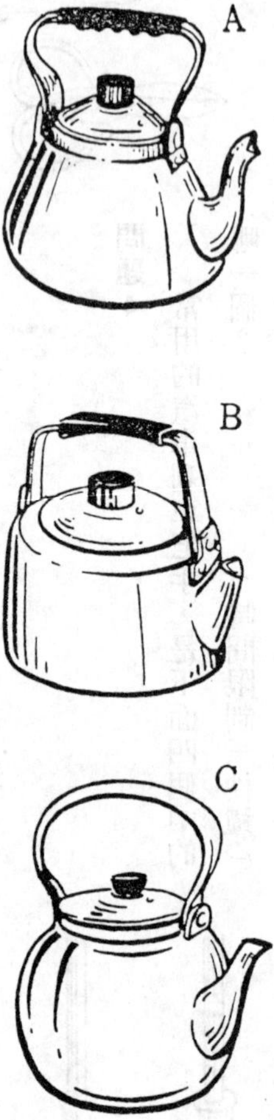

問題5

同時把這三種水壺放在爐台上燒開水，哪一種會最先煮沸？

（時間限制三秒鐘）

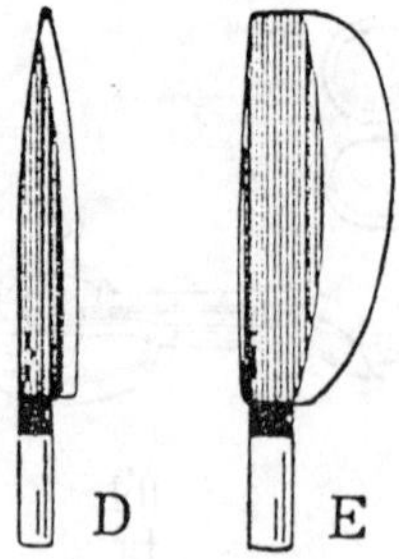

問題6

上面的幾把菜刀中，哪一把切起菜來最快？

（時間限制三秒鐘）

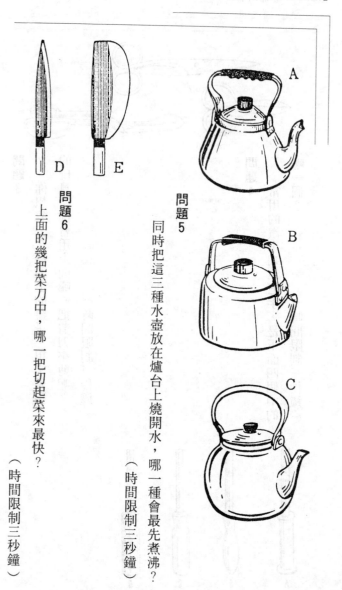

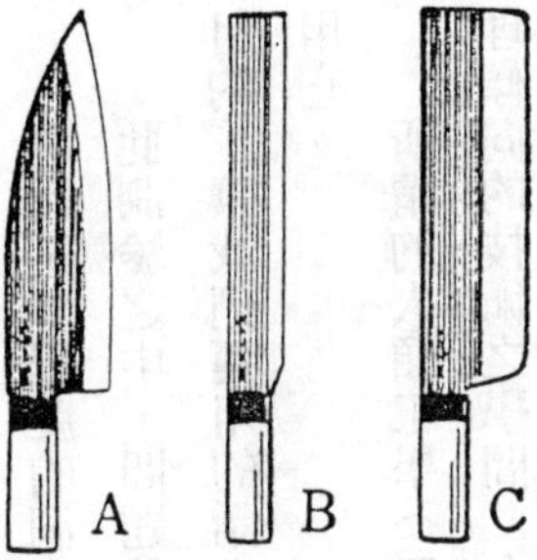

問題7

你要濾砂子時，下面三種濾網，哪一種最適合？

（時間限制三秒鐘）

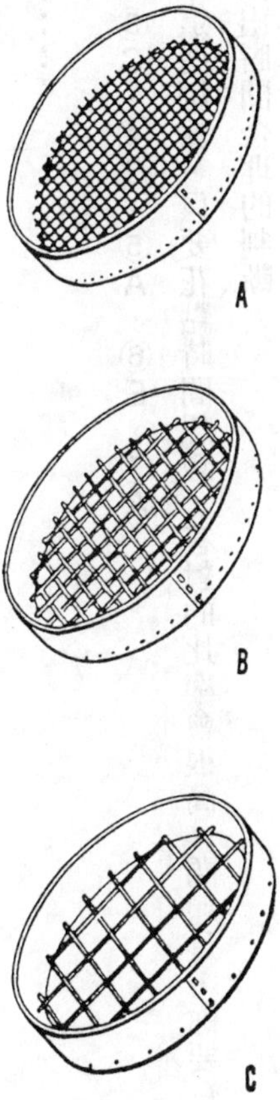

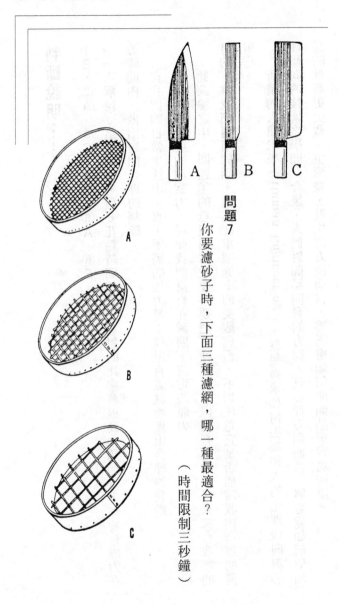

判斷說明……

①B、②A、③C、④C、⑤A、⑥E、⑦A

〈解說〉這些測驗，只要花點時間想想，答對的比率會很高。問題是，你要有能力在短時間內，做出瞬間合理的判斷。

在我們的日常生活中，真正所需的能力是：僅憑直覺就能做出合理的判斷。運用某種程度的洞察力，可使我們擁有在瞬間下決定的能力。

此測驗之中，問題④的意義相當重要。要把某種商品，以最有效的形式來符合我們的目的，讓我們運用的話，與其注重型態上的美觀與否，不如注意它是否能讓我們合理的運用它。

所謂的人類工學（Human Engineering），就是講求如何去調和人的生理傾向與心理傾向的技術之學問。今後，人們對商品開發的方向，就心理方面而言，將考慮如何使商品的外觀更美觀、更摩登，就生理方面而言，將考慮如何使商品更容易使用。

至於，剎車把手的外形，我們應兼顧到：它以什麼樣的外形最容易被使用。若以此點為目的來設計其外形的話，就必需考慮到，如何使整個手掌充分去接觸到把手。一個在日常生活中，能夠注意到最容易使用的把手（如熨斗的把手、抽屜）等的人，就會認為(C)的形式是最容易使用的了。

人類工學權威佛雷姆，分析並實驗了此四類把手的特色，結果發現，(B)和(D)的形式是最不容易用力的把手，(C)則是最容易使用的把手。一般的螺絲起子也都是採用類似(C)的形式。

至於問題⑤，通常我們都不會去注意到日常所用的水壺，大部分的水壺都是像(A)的形式。底是平的，周圍是圓圓的，上面比較窄的水壺，煮沸的較快。

日常所使用的商品之中，有很多都需講求其合理性，例如，像⑥的菜刀之選擇也是一樣。若是以切菜為目的，刀刃寬廣的刀較理想。

(A)是切壽司、麵包、生魚片等之用。(B)是所謂的「柳刃」。

(C)的「薄刃」，適合切較硬的東西。

(D)的「出刃」，適合切帶骨的魚、雞等。

向超能力挑戰

下面的一些問題，一般人不可能在某一限定時間內答出的。因此，你與其動腦筋去解答它，還不如憑著你的第三隻眼，也就是所謂的靈感來回答，這就是所謂的超能力測驗。

測驗1

(1) 把帶子捲成如圖所示的樣子，請在三分鐘以內，認出(1)的帶子前端是(A)、(B)、(C)、(D)、(E)中的哪一條？

(1)

(2)

(2) 問題同(1)。(2)的帶子前端，我們不知是哪一條。請問是哪一條呢？同樣的，也請挑戰第三道題。

(3)

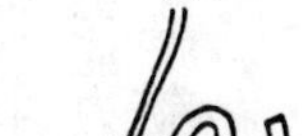

測驗2

下面所列出的年月日，各是星期幾呢？請單憑直覺來回答。（時間限制五秒）

(1) 一九五六年八月五日（星期　）

(2) 一九五六年十二月二十一日（星期　）

(3) 一九六五年十月十一日（星期　）

(4) 一九六五六月十五日（星期　）

(5) 一九六五年九月三日（星期　）

不能忽視「預感」……

問題⑴ ⑴——Ⓑ、⑵——Ⓑ、⑶——Ⓒ

問題⑵ ⑴——星期日、⑵——星期五、⑶——星期一、⑷——星期二、⑸——星期五

〈解說〉最近，科學家對人的第三隻眼，也就是第六感的研究，非常注意。我們把一些事實先對受測者隱瞞，然後去試驗其透視能力，結果，有些人具有能正確判斷出的能力，這事實在不能說是偶然，因為其命中率頗高。這種能力就稱之為ＥＳＰ（超靈感），也就是我們所謂的「預感」。此種ＥＳＰ的研究，在十九世紀的英國甚受到矚目，推理小說之祖——柯南・道爾，也是對此種超心理現象極感興趣的人。十九世紀末期在紐約，就成立了一個超心理研究學會，它是以心理學家威廉・傑姆斯為中心的學會。

經由杜克大學的超心理學研究所，所開發的心靈感應能力測驗，或以卡片所做的ＥＳＰ能力之診斷，而使得此項研究，能透過實驗來進行，且成為愈來愈活潑的科學研究。

本測驗也可以說是，測驗ＥＳＰ能力的一種測驗。

如果，你在問題⑴，有兩個以上，在問題⑵有三個以上，合計有5個以上的正確答案的話，你應具有超能力的才能，而不是偶然「猜對」。

線與線

各由左邊開始的(1)(2)(3)(4)的線條，其終端各在哪?請圈選在終端的部分。

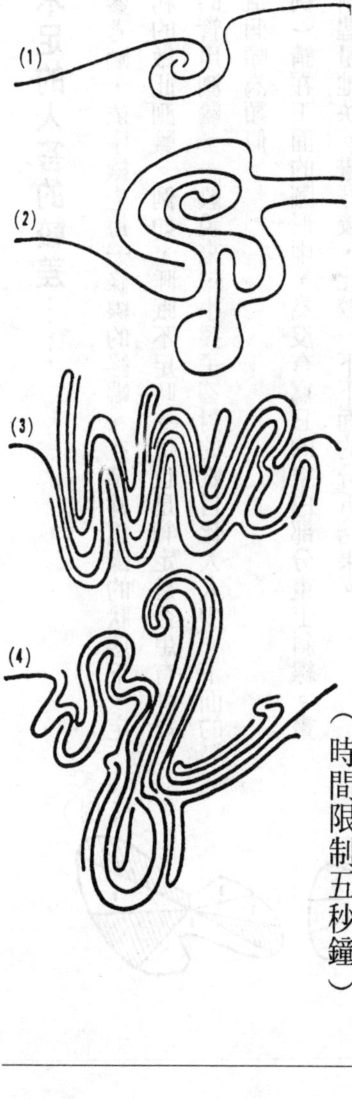

（時間限制五秒鐘）

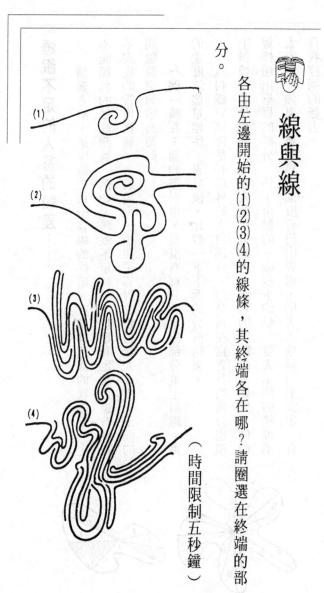

睡眠不足的人答的較差……

請參考圖，依序檢查每一條線的終端。在精神焦躁的狀態下，定不能順利的做此測驗。例如，睡眠不足時。這也是判定是否患有神經不安症的管用測驗。一般說來，小孩子答對的數目比大人少。下面的測驗與這個頗為類似。

（例）請在下面的圖形中，為沒有寫B的空白部分畫上斜線。畫的速度請儘量地快。畫好後，比較一下下面的分析結果。

〈判斷〉條件是(B)以外的空白部分，你是否在寫著B的部分也畫上斜線，若是也把斜線畫入此部分的人，注意力很散漫。如果，你的線條超出框框的部分，佔了全體的三成以上的話，就表示你的精神不太安定。如果你畫的斜線都沒有超出界線，則表示精神力很安定，有自我控制的能力。

（例）

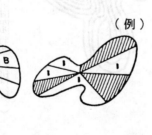

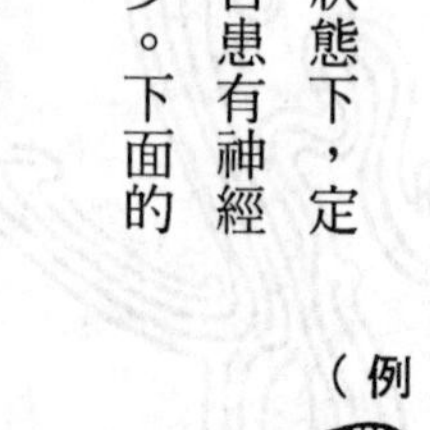

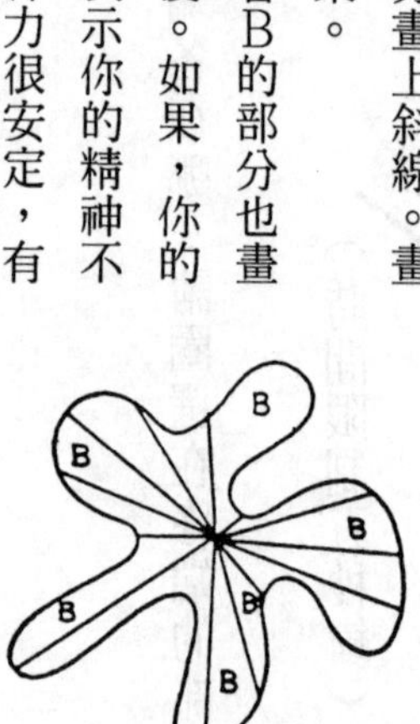

被沾了墨水的地圖

如圖所示，這是一幅地圖。可惜，地圖的中心部分，被滴了一大塊的墨水，以致看不清楚此處的地圖。請問，國道B號線是朝哪個方向延伸過去呢？

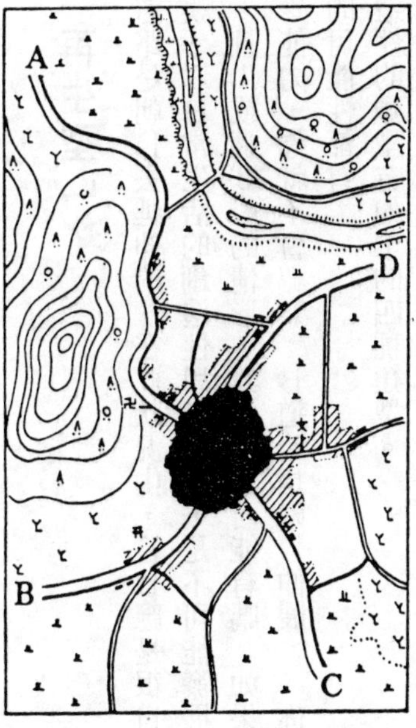

你是屬於「創造型」？還是「再生型」？

〈解說〉大部分的人都會認為，B道路是朝D去延伸的。在此狀況中，答D應是很自然的事。可是，此種答法有著很大的謬誤。以日常生活的創造性思考來說，是不可能發展出「B道路是朝A前進」的想法。可是，圖⑴或圖⑵般的情形，難道就不可能有嗎？如果，你與一般人不同，有著解決問題的特殊能力，你就不會認為「B道路是朝D伸展」。你一定會答，「不知道，朝A或朝B前進的可能性都有」。

我們在考慮、或創造新事物時，創造性的類型有如下的四種類型。

①如實的去實行所受教的東西，而不會有獨特創意的類型（再生型）。

②除如實的去實行所受教的東西外，還會將所受教的東西重新組合，想出比再生型更複雜點的創意之類型（再生創造型）。

③雖沒有受教，可是會自己思考、行動，產生出新的創意之類型，但是，此種創意卻不能夠普遍化的傳給他人（創造型）。

④雖然沒有受教，可是會自己思考、行動，產生出新的創意

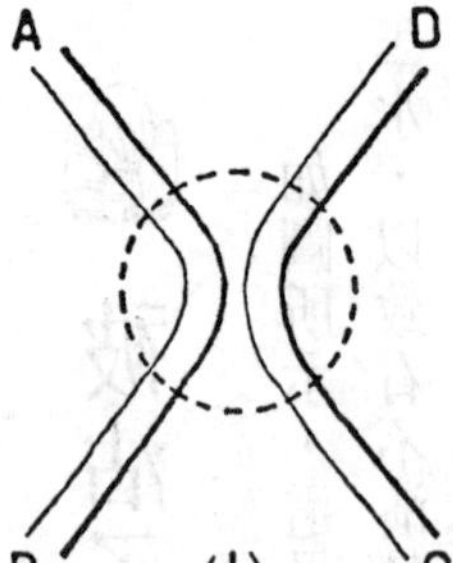

(1)

，且能將此創意普遍化的傳給他人的類型（創造性的創造型）。

一般說來，再生型的較多（美國人佔百分之七十五），創造性的創造型則相當的少（根據美國的研究，只佔了百分之一）。

另外，根據龜山貞登、堀洋道、古賀俊惠所著的《創造性研究手冊》中的「關於創造性類型的社會象徵」的記載，再生型是「平凡、積極、競爭心強、能被信賴、責任感強」，創造性的創造型則是「常被認為是瘋狂的天才」。

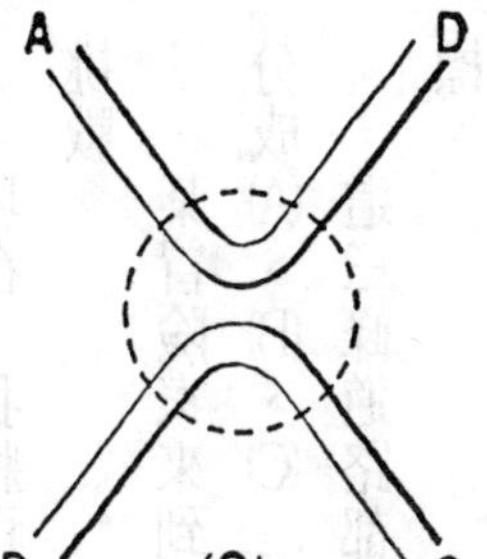

(2)

主張Ⓑ道路會朝Ⓐ延伸，或朝Ⓒ延伸的人是創造型的人，主張既不朝Ⓐ，也不朝Ⓒ延伸的人，則是屬於創造性的創造型的人。答Ⓓ的人則為「再生型」。

有關人類的創造力，實在有著許多不可解的謎。有的人會突然靈機一現，抓住創意，有的人則是在不斷的研究之中，突然腦中浮起不是與現在有關的奇想，而得到一個畫時代的創見。如果我們要讓這種獨創性的思考出現在腦中的話，就必需像測驗中所想的一樣，去除「解決問題時的頑冥不靈」，也就是要排除腦中的堵塞，就像Ａ・Ｆ・歐斯朋所說的，「我們必需完全改造自己的思考」。換句話說，我們必需完全排除侷限在過去的經驗中，找尋靈感的習慣。

冒險家的素質

在「被墨水沾污的地圖」的問題中，你是不是想到正確的解答呢？一般人的思考，總是很容易被常識的判斷所左右，也很容易喪失正確看待事物的態度。

現在，我將再一次向讀者的能力進行挑戰。

某冒險家來到如圖所畫的高原。道路分成(A)、(B)、(C)三條。

這三條道路都有指向它的目的地之指標。

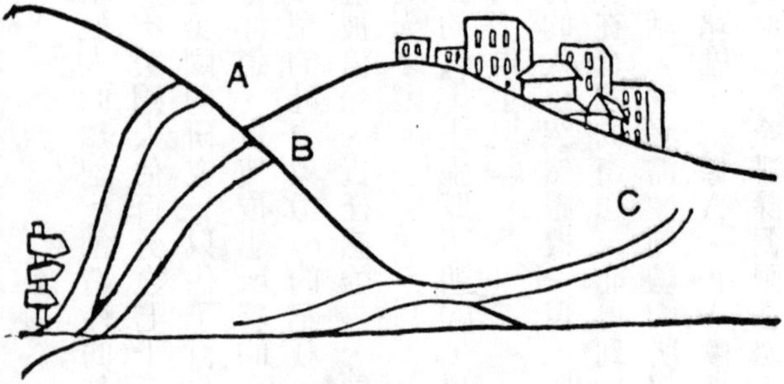

如果你是這位冒險家，你會走哪一條路。請用鉛筆把你所要走的路畫出來。(A)和(B)是需上山的路，(C)則是走山腳的路。

其實這是「二選一」的問題……

此問題是倫敦大學的J・L・華特林格所想出來的。問題中的三條路的目標都是一樣的，其中兩條是很辛苦的山路，另外一條則比較好走。在這種情況下，一般人選擇山腳的那條路去走的可能性最大。所以，此問題並不是要讓人從(A)、(B)、(C)三者之中選擇其一，而是，(A)(B)和(C)兩者之中選擇其一。換句話說，(A)和(B)都是同樣的條件，只有(C)是不同條件而已。

現在，在如此的條件之下，創造性高的人，會想出什麼樣的解決方法呢？

當然，解答的方法有種種，所以，他或有可能如圖所示般，既不走(A)，也不走(B)和(C)。如果三條路都是向著同一方向，而只有(C)的途徑是不同的話，他若選擇(A)(B)和(C)的中間方向前進，會比選擇那三條路更來的安全。冒險家在一個陌生的土地上，要探尋道路時，所想出的方法大概與此類似。

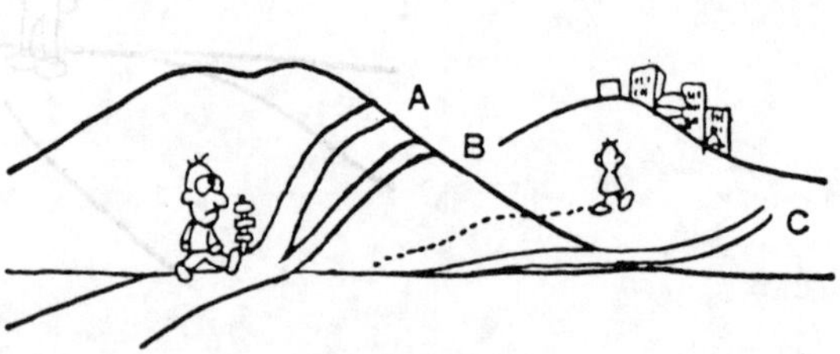

第五章
深層心理測驗

WHAT IS YOUR
HIDDEN DESIRE?

唉呀！怎麼一回事？

有時候你會想不通，「那個人為什麼會做出如此愚蠢的事」。其實，就他人看來，根本沒什麼道理的事情，在當事者的眼中，卻往往有著「隱藏的動機」。我們購買東西的時候，往往會基於這種隱藏的動機來買東西。也就是說，我們常為了一種「微不足道、很無聊」的動機，而動了心，去買某種商品。

關於這一類行動的動機，經過美國的馬克汀研究後，就愈來愈受到重視。在心理學上用以探索購買的動機之「購買動機之調查」，乃是市場調查的重要部分。一九五〇年之後，在奧大利出生的心理學家迪斯特，根據深層心理的分析來進行對動機調查的研究。看了前頁的圖，你有何感覺呢？有一家夜總會的沙發，就是採這個圖案。人們看了這樣的椅子，自然而然的就會很想去坐在上面。

下面的測驗，即是想探知你的動機之測驗。

理想的化粧

如果你是女性的話，請問，你最希望在身上或臉上的哪個部分，化粧一番呢？如果你是男性的話，請想像你是個女人，你最希望化粧哪個部分，以博得人家的注意呢？請在左圖，圈選出你最想要化粧的部分。

表現在化粧的潛在意識

＜眼睛＞有著一種強烈的慾求，希望把自己呈現的很漂亮、很受注意。一般說來，眼睛的化粧，表示了想要強調「年輕」的意識。對性的追求，還不如對知識的追求，在摩登方面，屬於衝動型。另外，這種類型的女性，不管自己有多美，也不管在男性中多麼地有人緣，仍是不滿足。有許多時髦的模特兒，在化粧上，皆強調眼睛的部分。

＜嘴、嘴唇＞強調嘴，表示與性的圓熟度關係密切。花時間在嘴唇的化粧上者，幾乎都不是處女型。根據《裝苑》雜誌的讀者問卷得知，依照年齡分別對嘴唇化粧的關心度（即，以嘴唇的化粧為重點所佔的比例），結果如下。

女學生	13%
女職員	18%
洋裁學校生	16%
主婦	25%
平均	18%

由這個表我們得知，已婚者較重視嘴唇的化粧。

＜臉頰、皮膚＞以撲粉或雪花膏來化粧臉頰或皮膚的類型，是老實或稍有點羞怯的女性之特徵。農村比都市的女性多，較保守。在女性的純潔方面，易做道德性的想法。對流行或變化，比較消極。根據前面所說的問卷，有如下的結果。

學生　20％
女職員　21％
主婦　21％

＜指甲、手＞尤要化粧指甲和手的類型，以自我顯示慾較強的女性居多。特別是強調修指甲的人，多有異常的慾望，其具有獨創性，但歇斯底里的傾向強。一般說來，喜歡修指甲的人，會選擇和口紅同樣的顏色，來強調指甲的化粧，其顏色多為強烈、光亮之色。少女一旦對性有所覺醒時，有的人最先會對修指甲感興趣，大概是因為指甲是自己最易看到的位置吧。女性一百人中，差不多有三個會對指甲特別注意。說他們是異常型的女性，也不為過。

＜眉毛＞注意眼睛和眉毛化粧的人，差不多有百分之三十八。學生呢，也有百分之四十三，愈是年輕女性愈是關心。女性在本能上，都很喜歡去裝飾眼睛和它的周邊（眉毛）。一個女性愈是受到電影和電視的影響，愈是憧憬著做個「美麗的女性」。他希望自己就像劇中受男性歡迎的女主角一樣，受到矚目與被愛。

中年以上的女性若還是喜歡去強調她的眉毛，就表示這個女人有著「害怕被丈夫忘記」、「沒有身為女人的自信」的不安。換句話說，這也是一種精神上老化現象之表示。

郊遊的參觀路線

假設有一天，你和你的未婚夫一起去阿爾卑斯山腳下的K國立公園郊遊。此國立公園中有如圖所示的五處名勝。

今天，你預計至S車站搭末班車回家，如此一來，你就沒有辦法觀賞完五處名勝。不過，你有充分遊覽二處名勝的時間。你會先參觀五處名勝中的哪一個？接著，再參觀哪一個？

請把你要參觀的路線畫上。

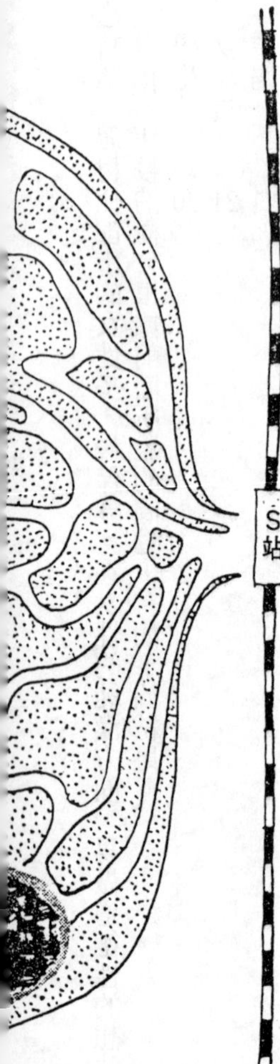

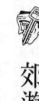

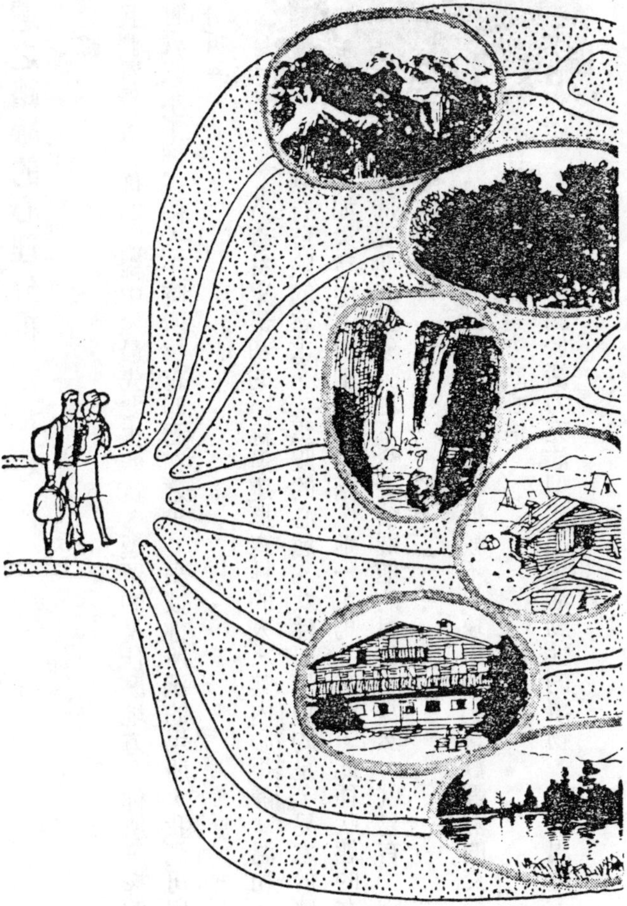

對所選之路線的心理分析

第一條路線

讓我們看看，在你的路線中，最先要去觀賞、逗留的是什麼地方？你所選擇的第一目標，其實就表示了你這個人平時所懷有的潛在慾求。根據你所選的場所，我們可以做如下的心理分析。

〈森林〉最初的路線是選擇森林的人，其內心平靜、溫和。幾乎看不到有危險的慾求、或焦躁的心態。女性所呈現的是，易處於感傷的狀態，如果意中人向她求婚的話，她一定馬上答應。此種狀態的女性，不會去批評他的對象，也不會去懷疑他的對象。當然，就易有「受騙」的危險。

男性若做此種選擇，表示他較不具攻擊性，喜歡靜靜的交談，能夠仔細地去傾聽對方的心情。

〈瀑布〉屬於活力充沛型。追求活動性的事物，比起思考，更喜歡

行動。喜好變化、有社交性。接觸新事物的活力較常人大的多。不管在運動、性、速度……等等上，都不喜歡半途而廢，是可以集中最大精力的人。但是，現在有不活潑、慾求不滿的可能性極高。

〈**岩壁**〉最初的路線選岩壁的人，不管男女性，都具有攻擊性，易為小事起而反抗。判斷事物時往往不能站在對方的立場著想，所以，較常受到誤解。

雖能冷靜的面對任何事情，可是無法把自己心裡的想法和感覺表現在外。故給人的印象很冷漠，往往因此而受損。此種人最好能向周遭的人，表現出自己內心的冷暖。

男性的話，較沈默，是埋頭苦幹型。雖有著頑固的缺點，有時候也蠻孩子氣的。

〈**瑞士型的旅館**〉這樣的人，不論對地位、名譽、金錢的慾望都相當的高。自詡為社會的精英，心中也潛在的希望成為社會精英的「憧憬」。

有點虛榮，很羅曼蒂克，不論是對婚姻或工作，都抱著很大的夢想和目標，且拚命地想達到。創造力和幻想力都相當的不錯。對流行也頗敏感，知識慾也很高。不過，常常自不量力，做些實力以上的事，所以，常常是希望的愈大，失望的愈大。

＜露營場地＞在每天的生活中，屬於拚命努力型。沒有大的幻想及大的慾望，只希望平凡的過一生。

此種人所追求的只是一種漠然的「性樂趣」，在性方面，他認為所做所為都是基於本能的慾求，且認為性是生活的一切。在性的慾求方面，表現得非常強烈。如果是沒有愛人或未婚妻的男性，就很有可能做出色情狂的舉動。

＜湖＞處於女性化慾求較強的狀態。追求羅曼蒂克，常渴望有像電影中主角的戀愛故事。不管對戀愛或婚姻，都抱著美麗的想像，是屬於重視清純的「處女」之心理狀態。如是已婚者，或有性經驗者，則表示心中深藏著對「處女時代的憧憬」。

第二條路線

被選為第二目標的場所，多半都表示著對自己未來之關心或恐懼。它表現了「做了這樣的事之後，會怎樣呢？」的不安或期待。對未來的不安度，有著下列的傾向。

〈**森林、湖泊**〉不安感相當的強。總之，對於結果有著模糊的不安。但，夢想跟希望是蠻大的。

〈**岩、露營場**〉「順其自然」的心情非常強烈。即使知道結果，也不會積極去爭取。「順其自然」的傾向很強。

〈**瀑布、旅館**〉有積極爭取的慾望，處於稍有不安感的狀態。

藉著第二條路線的選擇，我們可以判斷出，第一條路線的「慾望」，究竟會以什麼樣的方式來實現。例如：第一條路線是瀑布，第二條路線是森林的話，表示對性有著強烈活力，雖有「不安」卻也滿懷「期待」。另外，若是旅館的話，表示有著使它實現的鬥志。

不幸的殺人事件

請邊看下二一六頁的圖，邊看本文章，然後，回答後面的問題。

有一天晚上，如圖所示，住在「綠色社區」的山田夫人（二十五歲，結婚三年）被殺害了。她的丈夫是個埋頭工作的人，從公司回到家，經常是晚上十一點以後的事了。

這天晚上，山田夫人也是接到丈夫的電告，要十一點以後才能到家。由於一個人在家太寂寞，她便打算去從前的男朋友家拜訪。她有兩個男朋友，一個是有錢的「花花公子」，另一個是比她年紀大得多的「白髮紳士」。這一夜，她就先去找花花公子男友。

她和花花公子男友溫存一番後，就打算回到河川那邊綠色社區的公寓。當她一個人來到橋頭時，一個手持刀刃的殺人魔就站在那裡。他是個見人就會殺的瘋子。山田夫人回頭就跑，跑到經營汽艇的「船老翁」這兒求救。她對船老翁說：「拜託你用船把我渡到河那邊。」可是船老翁要求她付三仟圓的船資。山田夫人手邊沒有那麽多錢，結果就被船老翁拒絕了。沒辦法，她只好又來到白髮紳士男友處，請他護送她到橋頭，可是老紳士也拒絕他了。情非得已，她只好又一人回到橋頭來。於是，山田夫人就被殺人狂殺死了。

〈測驗〉

與山田夫人被殺有關係的人，共有六個出場。也就是：

（　）山田夫人本人

（　）她的丈夫

（　）殺人魔

（　）有錢的「花花公子」

（　）中年的「白髮紳士」

（　）船的「船老翁」

此六人對山田夫人的死，誰應負最大的責任，請依其應負責的順序塡在空欄裡。

有錢的
花花公子
中年的
白髮紳士
船老翁

殺人狂
綠色社區
結婚第三年
的山田夫人

就算被殺也是無可奈何之事

此測驗被揭載於法國雜誌（《艾爾》一九六五年三月號）時，甚受大眾矚目。現在，為順應本國的讀者，就把它改成現在的模式。

艾爾將此測驗用於法國各界的著名人士的身上，計二十人，然後，就心理學上，來診斷其反應。結果是非常有趣的，因此，我將它在此介紹，以供參考。

首先，在追究責任的方面，依序的比例如下。

〈法國的著名人士認為首要負責者〉

(1) 山田夫人本身　10人（50％）
(2) 中年的白髮紳士　4人（20％）
(3) 殺人狂　2人（10％）
(4) 船老翁　2人（10％）
(5) 山田夫人的丈夫　1人
(6) 花花公子　1人

〈法國的著名人士認為最沒有責任者〉

(1)　山田夫人的丈夫　11人
(2)　殺人狂　9人

關於山田夫人被殺害沒有責任者這一點，二十人所舉的是這兩人。他們認為「丈夫」與這事件沒有直接關係，對殺人狂，則是認為「他已經瘋了」，所以沒有責任。

現在讓我們來看看讀者本身的解答如何？

讓我們來比較一下，法國著名的女作家莎岡和日本人最熟悉的小說家摩洛瓦的解答。

〈莎岡的解答〉

(1)　白髮紳士
(2)　花花公子
(3)　山田夫人本身
(4)　船老翁
(5)　丈夫
(6)　殺人狂

〈摩洛瓦的解答〉

(1)　山田夫人本身

(2) 花花公子
(3) 白髮紳士
(4) 船老翁
(5) 丈夫
(6) 殺人狂

＜你的常識性反應＞

・認為「山田夫人本身」最有責任的人

道德心高，很厭惡紅杏出牆的行為。心裡面雖也有拈花惹草的衝動，但一思及其結果就沒有勇氣去做了。他人若有這樣的行動，往往就會很嚴厲的批評：「做這種事真是沒知識。」

不管在日本或法國，把山田夫人視為最有責任的人，佔壓倒性的多數。

・認為「船老翁」最有責任的人

乃是對金錢利益極端道德傾向的人。對於獲得金錢或物質的利益，常予以批判。在戀愛方面，他當然也極力反對用金錢來解決。這種人強調精神面，而不喜歡去談金錢或物質的利益。他心理所不喜歡的人，就絕不會對其假以好色。他鄙視金錢、物質，強調精神面，希望儘量地在精神面去打動對方的心。

・認為「花花公子」最有責任的人

戀愛、移情別戀的慾求很強。對自己不能成為戀愛的主人翁一事，鑾焦躁的。不能受到異性的歡迎，心中也有著很大的不滿。對男女間的問題，總是有非常彆扭的看法且也有著誤解，所以常視男女間的問題是不潔的。這種類型的人，嫉妒心很強。

・認為「白髮紳士」責任最大的人

在任何場合中，都很冷靜且合理的來判斷事情。以隨時做個旁觀者，不會把自己牽掛在內的態度，來調停糾紛，從而想出不同方向的解決方策。易陷於獨斷是其缺點。此種人鑾講究禮儀的。

・認為丈夫是最有責任的人

這種人在夫婦生活、或與戀人之間，常會因想法或情緒而出現不調和的情形。常會藉著別的原因或理由來辯解自己的行動。如果情況有所不利，就會把責任推到別人的身上，如果看到情況有利，就把好處攬在自己身上。

・認為「殺人狂」最有責任的人

非常單純，看一件事情時，不會就另一個角度來看。容易有孩子氣的反應。

拍電影的樂趣

下面有四種類的電影鏡頭。由於剪接的錯誤，膠卷的順序都弄混了，不知哪個是先？哪個是後？

如果你是電影的導演，請問這四個鏡頭應如何排列才好？

你可以隨自己的喜好來剪接鏡頭。哪一個鏡頭放在最前面都可。

Ⓐ

Ⓑ

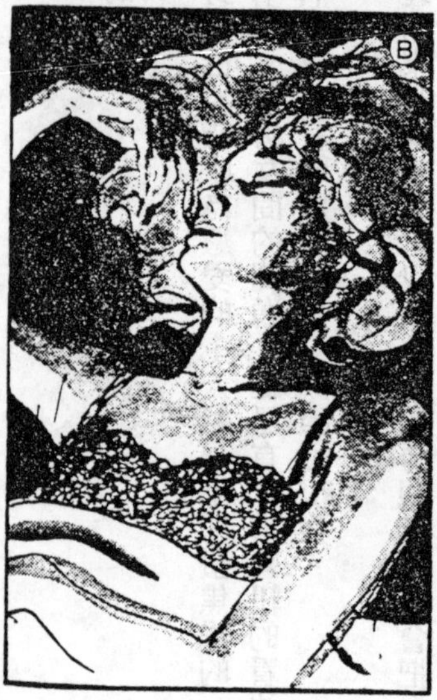

D
C

測知你的隱藏動機之測驗……

〈解說〉此四張照片，(A)表示「和許多人呈動態的享樂氣氛」，(B)是「獨自躺在床上睡覺的場面」，表示休息、安心。(C)是「只有男女兩人談話」的鏡頭，表示一種滿足慾求的狀態，(D)是「一個人正在等待誰」的鏡頭，象徵著孤獨。

究竟要怎樣把這四張性質完全不同的照片，排列成一個故事呢？這就依各人的性格和動機而有所不同了。

此測驗是於一九三〇年，由G・A・羅曼所設計出來的，並由雷涅普加以改良，而成為著名的FPT法。診斷方法有各種各樣的不同，筆者本身所嚐試的，乃是如下的「動機診斷法」。

〈判斷法〉行動派？還是孤獨派？

把(A)排在(1)的情形——把「車」的鏡頭放在最先，就表現出一種心中有極大的變化、野心、憧憬著自我主張的動機。厭倦單調的生活，所以就有起而行動的意念。一般說來，把此鏡頭放在第一的人甚多。另外，在這四張照片之中，選擇此張照片為第一的人，也表現出對「車」有著憧憬，有強烈的虛榮傾向。

把(B)排在(1)的情形——這張照片本來就給人一種休息、安眠、安心感，意味著想要有所依賴的情緒。把此張照片放在最先的人，在內心深處，希望獲得安心感，有著一種想要安定的潛在慾求。本來，「睡眠」應是在一天的最末，現在把它安排在第一的人，就表示精神上相當疲勞。但是，如果把這張照片設想為「性」鏡頭的人，就表示其對性有所期待，有著要滿足性慾求的憧憬。

把(C)排在(1)的情形——如果把只有兩人談心、很有氣氛的照片擺在第一的人，情緒上很協調，追求自由行動的心意很強。若為女性，有著一種想受男性命令的意識，若為男性，就有一種希望被女性照顧的強烈慾求。

把(D)排在(1)的情形——意味著一種孤立、孤獨、不依附社會的狀態。容易有內向的、自閉的傾向。但是，對於能夠信賴的人，就會有一種盲從的傾向。

這四張照片的順序，最多的排列方式就是：(A)—(C)—(D)—(B)。

六張美麗的照片

牆壁上掛著六張以「樹木」為題的風景照片。它都出自我的一位攝影好友之手。他對我說：「你喜歡哪一張，我送你。」換做是你，你會選那一張掛在你家的牆上呢？

A

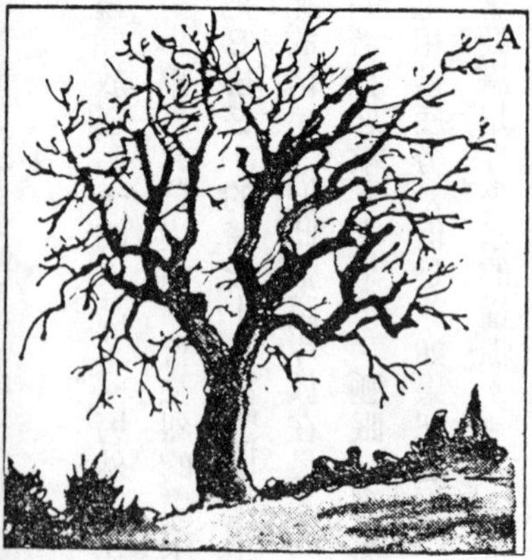

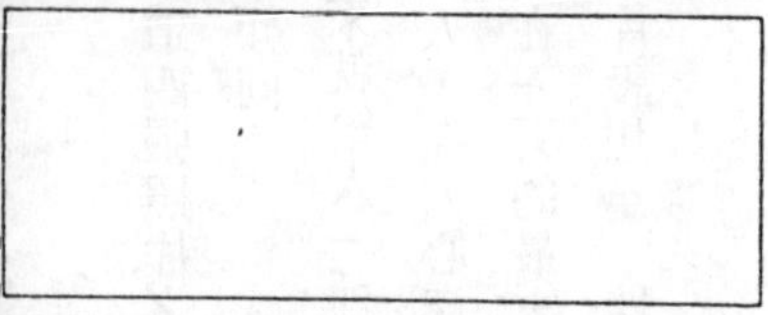

B

C
E
D
F

日本人意識中所孕育出來的「樹木文化」

據說，對樹木的喜好，會潛在性的影射自己。因此，一個人從小到大，對樹木的喜好，及對樹木的畫法，都會有所改變。對於樹與個性的研究，自古就有。而且，有一個時代，甚至認為樹之靈會支配人類。日本人的意識之中，自古以來，就認為樹木具有極大的意義，有的人甚且認為，日本人的文化就是「樹木的文化」。

喜愛Ⓐ的人

這棵樹是「枯樹」。周遭的樣子，卻沒有給人秋冬的感覺。這棵樹是枯萎了。喜歡此般枯樹的人，性格是蠻特殊的。據米契爾・魯奇（法國人）的說法，這種人有著強烈批判社會的傾向，多半是屬於反社會的類型。在身體或才能方面，常會有不如人的感覺，多半有一種無力感。若是個犯強姦罪的受刑者，如果改掉強姦的習慣的話，他會變得對異性的幼兒感興趣，若是一般人，性對象有所改變時就會隱隱的喜歡枯木。

喜歡這種樹的人，個性頗畏縮、保守，沒有辦法直接地表現出自己的思想。對父母、妻子、愛人，也很想去逃避，有著強烈地想獨自一人的心情。他心中潛在著，不能信賴周遭之人，可能會被叛的恐懼感，在行動上，就形成一種很沒有精神的狀態。所以，首先要恢復能相信他人的心情。

喜愛Ⓑ的人

這是一些被風強力吹著的樹，都已經被吹的倒向一邊了。被風強吹的樹，倒向一邊的樹，表現出一種外向的性格，有希望與任何人交往、與人接近的動機。尤其是，此種更強烈地表現出，想要忘記過去不愉快的記憶，且具有將夢想實現於未來的強烈意識。魯奇曾說：「這是一種行動力的表現」，即，具有希望周遭的人看到的自己，是比實際更有力量的人之意識。同時，這種人又有一種感激、狂熱、想哭泣的激烈情緒。在待人關係上，頗焦躁。

喜愛(C)的人

此樹的特色是，樹枝像箭頭一樣的尖銳。有的地方更像刺般。喜歡這種樹的人，有強烈的攻擊衝動。在「繪畫測驗」之中，若讓受測者畫樹的話，此種人會和一般人畫的有極大的差異。一般人，畫如「箭尖」般的樹者只有百分之5～8，具攻擊性性格的人，則有百分之10～16的人，會畫出這樣的樹。

喜愛(D)的人

喜歡胖胖、大大的樹木的人，在男性方面，是個自信家。喜歡把強烈的個性表現在大眾面前，喜歡做出野心勃勃的言行。戀愛方面亦然，這類型的人，有強制的一面，「我喜歡你，你就得乖乖跟來」，是其慣用的態度，不過，此種人蠻可以信賴的。

性的方面是圓熟的且精力充沛。這種人不喜歡接受命令，也不喜歡孜孜不倦地工作，這是其最大的缺點。

喜歡這種樹的人，在心底有著責任感、指導力的意識，對自己的能力相當自信，常常有，以「我怎樣、我怎樣」來自我標榜的衝動。

喜愛Ⓔ的人

喜歡白樺型、漂亮樹木的類型，一般說來，較女性化，喜歡優雅的思想。在其心底，有著想要變漂亮，想要變聰明的意識。追求羅曼蒂克的愛，對人關係上也表現一種柔和的感情。

魯奇認為，這種人擅於與人交談，戀愛時，喜歡與所愛的人在月光下散步或談心。對這種人而言，愛是最重要的，比性、或金錢都重要，他們追求的是氣氛。對方若沒有給他們所要的氣氛，就不會與之戀愛。

喜愛Ⓕ的人

喜歡這種像松樹般樹木的人，多半是唯對方之言是從的服從型人物。不過，其真正心意，並不是想要唯命是從的。這種人的心裡面，其實也有想表現自己的意欲，可是，他們會把此種心思深藏在心底。對於名聲、地位、財產，此種人有很大的野心，但，他們會隱藏此野心，不會表現於言行上，所以，是有點危險的人。若為中年女性，對家庭生活、夫婦生活，非常死心的付出。

隱藏的性意識

森林中有一間如圖般的房子。請憑著你的想像，畫出開啟這房子的門之鑰匙。大小、形狀都任憑自由。

鑰匙代表男性、鎖孔代表女性

鑰匙，會讓人潛在性的聯想到性。女性畫鑰匙的時候，下意識之中會聯想到男性的陰莖，男性畫鑰匙的時候，會潛在性的想到自己的性器。此外，像香蕉、手槍等，也都會讓人有這種意識。另外，這幅畫中的門的鎖孔，女性會想到自己，男性則會潛在性的想到女性的性器。像這樣子，在下意識之中，讓人想到性的東西，除此之外，還有如下的東西。

男性的想像　樹、汽車、羊毛、狗、四方形

女性的想像　花、船、絲、貓、圓形

在男性的想像中，鑰匙尤其易讓人聯想到陰莖。因此，女性畫鑰匙的時候，就會表現出對性器的關心。這其中就表現出佛洛伊德所謂的「對男性性器的羨慕」（自己也想要男人般的陰莖）。男性在畫鑰匙的時候，會有恐懼自己的陰莖被去勢的不安。

A

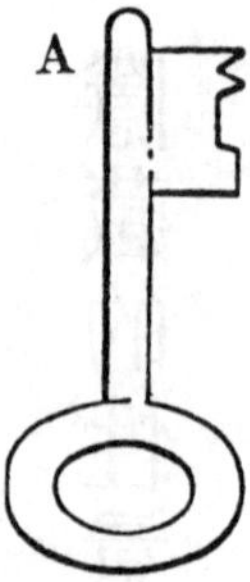

B

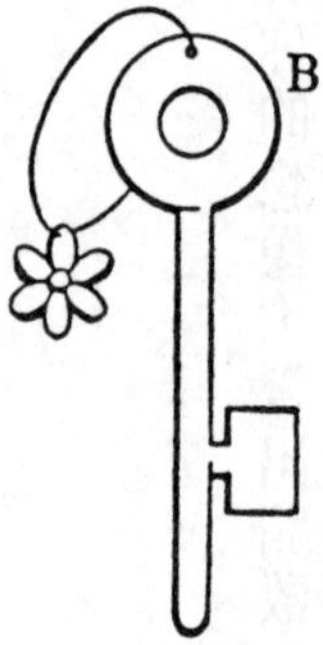

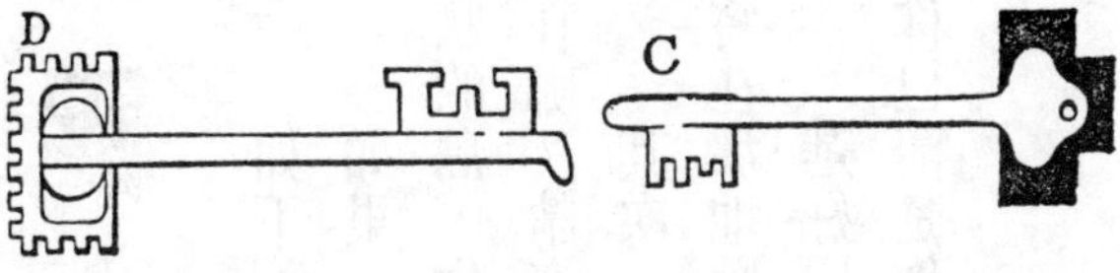

現在讓我們來分析你（或妳）所畫的鑰匙。

(1)向上的鑰匙和向下的鑰匙

男女最大的不同點是，鑰匙頭是哪一方朝上。一般說來，男性畫的鑰匙，頭都如(A)般的向下，女性則畫的如(B)般，頭是向上的。

(2)左或右

鑰匙的頭如(C)般朝右畫的是男性，鑰匙的頭如(D)般朝左，是女性的畫法。

有的人把鑰匙畫的很粗，有的人則畫的很細，畫的又細又小的男性，常有在性方面不如人的感覺。另外，畫的粗粗的人，屬於自信型，性活力很強。畫的粗粗的女性，憧憬著強而有力的男性，對性方面有慾求不滿。像(B)般，上面畫有裝飾的鑰匙，若為女性，表虛榮心強。在化粧上，頗具個性。

＜與衆不同的鑰匙＞

以非常細緻的筆法畫出鑰匙的人，多有自慰、手淫的經驗。鑰匙頭的模樣是變形的人，和女性的第一次性關係都是不愉快的。

蓋一間房子

如下頁的圖所示，請張開你的左手。

如果，這個世上有一個像你的左手般形狀的島，你若想在島上蓋間房子，地點會選在哪？請在A～E中選擇其一。

其次，請從1～3中選出一間，做為你將在那地點上蓋的房子。

選好房子的地點和房子後，請看下表。你已清楚你是A～G中的哪個類型了吧。

地點／家	A	B	C	D	E
1	a	a	d	e	f
2	b	b	d	f	e
3	c	c	e	g	g

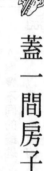

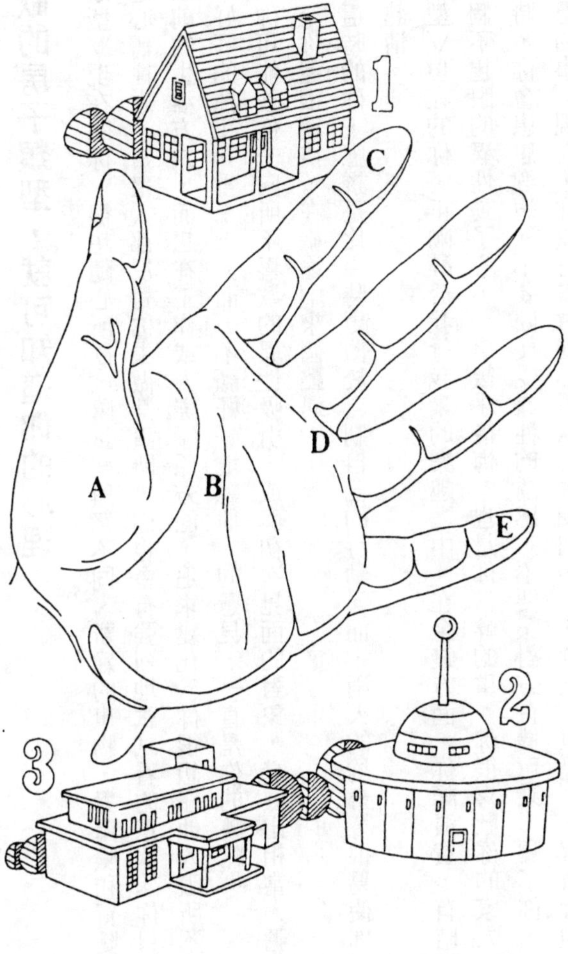
1
C
D
A
B
E
2
3

從你喜歡的房子類型，就可知道你的心理

＜a類型＞現在的你，很想隨心所欲，嚐試些與衆不同、新穎的事物，對驚險和冒險，你一直是心嚮往之。當衆人都反對你去做某事時，你也會有強烈地試試看的意欲。你只是不滿於眼前的生活方式，而想在工作或人際關係方面，追求變化。你很想在他人眼所不及的地方，好好的揮霍一番……。而，不願好好地聽他人的意見，一直是你的缺點。

現在，你可能被你一向所不喜歡的異性吸引，或與初次見面的對象，發展出相當大膽的戀情。甚至你還很期待，在旅途中來個艷遇。

不過，這時的你，應該是比平時更擅於克制自己的行動。而，雨天的約會，很易使你陷於過度的熱情。

＜b類型＞現在的你，正陶醉於我行我素的樂趣之中。在金錢方面，你頗浪費，有時，你會為一個不起眼的異性動了心，「事後才後悔」也是你常幹的事。你很喜歡你的家人，出門在外時，你會患思鄉病。不要隨便受異性的誘惑，不要讓對方有機可乘，騙了你，應是你該注意的事。現在，你或有機會隨心所欲的享受肉體上的歡樂。但是，在有所行動

前，最好是先考慮一下對方的人品。如果你只是想標新立異，或做出讓大家吃驚的事情而胡亂搞的話，反會惹來想像不到的痲煩。另外，在金錢方面，你最好更加地發揮節約精神。目前，你可能有談戀愛的機會。

〈**c類型**〉最近的你，做起事來頗得心順手，所以，看起來還蠻樂天的。在人際關係方面，也發展的很順暢。至於，工作和異性關係方面，可以有更進一步的發展。如果你對目前的生活方式一直保持著自信，就有很多的機會去實現你的夢想。也許你會碰到一些困難，與周遭人的反對，不過，你都可以予以克服的。現在是你雄心勃勃的時刻，連你都對自己的幹勁感到驚訝。在你覺得做不下去的時候，總是會有人適時的出現來幫助你。幫助你的人，老少皆有，實出乎你的意料之外。你有很好的發展人際關係的機會。這也是因為你平時就以踏實、明朗的態度來生活所致。因此，周遭的人都很能接受你。你的微笑、充滿活力的表現，都是你的魅力所在。你應經常出席同學會和宴會。你會對同月份生的人特別親密。

〈**d類型**〉現在是你更進一步地，去實現一向的目標或夢想的機會。很幸運的，在你身旁，總是有願意幫助你的人，在你有所不順利時，在他人的幫忙下，都會成功的予以解決。得此結果，多半是和你一直自知努力、堅忍不拔有關。謹慎、踏實努力的你，在一般人已放棄的工作上，仍會堅持到底。你的溫柔、善解人意，皆獲得大家的認同。如果有相親機會，最好予以掌握。因為，會有異性對你一見鍾情。在工作方面，你會被賦予重任，多獲上司的賞識。背棄你的人、欺負你的人，日後可要後悔了。一向對你冷漠的人，日後也會對你和氣了。你儘管對自己的人生態度充滿自信、擇善固執吧。

＜e類型＞現在的你有點漂浮不定。可說是正值時好時壞的變化運時期。你很想那個也做，這個也做，任何事你都極有興趣，只可惜，你喜歡半途而廢。有時，你會極端的順心，樂不可支，有時，又會感到極孤單、寂寞，你現在正徘徊於喜、怒、哀、樂兩極端的時候。你的心理某處，總是期望去探險，由於無法達成此希望，你就常為小事生氣，變得急躁不安，你可能因此與好友大吵一番，或不再信賴你一直信賴的人。

現在的人，正是心情極端不安定的時候。最好靜下你的心情。有時可借助瞑想、瑜伽、或祈禱、默唸。學習書法、插花亦可。

＜f類型＞你是個相當害羞、內向的人，周遭雖有不少異性對你懷有好感，可是，你連看他們一眼都不看。妳稚氣未脫，對異性有著極端的膽怯。不過，你在這種情況下所表現出來的態度，給人純真、優雅之感，不會予人不好的印象。

和同事或朋友們更積極地交往，對今天的你來說，應會產生很好的結果。在你的周遭，一定會出現；在不知不覺中由友情發展為戀愛的人。

只是，對方最好與你的年齡有所差異，如此，戀愛才會有結果。有時候，看起來像父親（母親）般，像兄（姊）般的人，才能滿足你。你可以籌畫一下，夏天來個徒步旅行或短期旅行，這都對你很有益的。

＜g類型＞現在的你，變消極的。你找不出非讓你拚命去幹的事情，為此，你頗焦躁。就算真要做些什麼事情，你又會憂心忡忡、煩惱不已，有時甚至還沒做就放棄了。

你的思考超越你的年齡，但易陷於消極性的想法。事情還沒做之前，你會：這樣也不行，那樣也不好，反正都是不行、不好的。所以，為了轉變一下心情，你最好去做做運動，或休閒活動。多多找機會和以前的朋友閒聊一番。

不久前，你還頗有幹勁的，可是，現在呢？你卻一點幹勁也沒。平時的你對自己很有信心，現在也沒了。你沒有辦法展現出你的實力。而，不管是工作或戀愛，將來一定會比現實更有展望。所以，你現在不用著急。

你都吃些什麼？

注意觀察一個人吃飯時的態度和喜好，就可知其性格、有否慾求不滿，及對工作和金錢的態度。因此，接下來將做的是與「食物」有關的心理測驗。

1對壽司的喜好

假設你和朋友去吃日本料理。在你們的眼前擺著各種各樣的壽司。如果友人說：「想吃什麼儘管吃，我請客。」你伸出手最先拿的是哪一種口味的呢？

下面就是所擺出的壽司。

Ⓐ蝦子。Ⓑ鮪魚。Ⓒ鮑魚。Ⓓ墨魚。Ⓔ紫菜卷。Ⓕ炒蛋。Ⓖ鹹鮭魚子。

2你想吃什麼樣的沙拉？

這次，你是到餐廳吃飯，你想吃什麼樣的沙拉？下面有各式各樣的沙拉。

Ⓐ萵苣和蛋的沙拉
Ⓑ蟹和馬鈴薯的沙拉
Ⓒ蘆筍
Ⓓ青碗豆和洋蔥
Ⓔ番茄和小黃瓜

3你喜歡什麼樣的沙拉調味醬？

對沙拉的喜好可表現出一個人的個性。而，淋在沙拉上的調味醬，很可以表現出一個人的願望。

Ⓐ法式沙拉調味醬
Ⓑ沙拉醬
Ⓒ拌有芝麻的日式調味醬
Ⓓ什麼也不加

對食物的喜好可看出一個人的出人頭地程度

〈解說1〉

Ⓐ蝦子——慾求執著型

屬於拚命型。只要是能夠實現自己的慾求和願望，其他的一切事情都可以犧牲。在日常生活上，理想也是非常的高，不太喜歡平凡的事物。

在專門能力方面很強，可是在人際關係上卻不是很順利，不太適合擔任管理的職位。

Ⓑ鮪魚——正統常識型

屬於判斷和行動皆符合常識的類型。是個對冒險、大膽的行為易反感的人。非常注重人際關係，很受周遭之人的信賴。

最適合做個一般的上班族。

Ⓒ鮑魚——精力不足型

對性有強烈的期待，但在性方面卻表現得很差。雖然精力不足，卻很有追求驚奇的慾望。現在是處於一種一時不振的狀態，也就是說，不管做什麼都會半途而廢，不能滿足。

Ⓓ墨魚——現實型

不重視外觀，也不愛慕虛榮，言行合一，具有很乾脆利落的性格。對金錢有強烈的關心。屬於出人頭地型。

Ⓔ紫菜卷——妥協型

屬於不把真正所要求的東西，表現於言行上的類型。在日常生活上，經常都是採取妥協的姿態。雖對某些事情不滿意，也會忍住不說。一生大概都是做個小職員，最多是課長之類的職務，是個腳踏實地做事的人。

Ⓕ炒蛋——重感覺的型

易受氣氛、心情、情緒的支配。早上的心情若不好，一整天的情緒就會很差。缺乏主體性，總是依著他人的志向來做事。

Ⓖ鹹鮭魚子——自我顯示型

不滿足於平凡的事物，總是強烈的向周遭之人表現自己能力的人。對上司或權威總是強烈的抵抗。此種人很適合當推銷員，可是，一鬧起彆扭就不妙了。

＜解說2＞

Ⓐ**萵苣和蛋**——一般說來，有社交性，色彩感覺蠻豐富的人。很講究服裝。領帶或襯衫等都是能夠發揮流行感的樣式。

Ⓑ**蟹和馬鈴薯**——屬於對金錢和工作很有慾望的類型，不擅與人交往，是個自我本位，不喜妥協的人。有時很易鬧彆扭或反抗。對名譽與地位很憧憬。

Ⓒ**蘆筍**——一般都認為，綠蘆筍與性的興趣或疲乏有著相關性。喜歡蘆筍的人，對性有著自卑感，在體力上也很衰弱。不過，這種人的腦筋很好，有著出色的判斷力。

Ⓓ**青碗豆**、**洋蔥**——大量吃豆或洋蔥的人，大多是政治家、演藝人員、或獨裁型的商界人士。此種人，自我顯示慾很強，希望受人矚目，不喜歡唯命是從。

Ⓔ**番茄和小黃瓜**——擁有青春氣息、富行動力，與人交往的意慾很強，番茄象徵女性的胸部，小黃瓜則是象徵男性本身。換句話說，對自己的身體在性方面的表現很有自信。

〈解說3〉

Ⓐ**法式沙拉調味醬**——喜歡由沙拉油和醋充分攪拌而製成的法式沙拉調味醬的人，很有音樂感，具強烈的知識追求慾，對美術很感興趣。這類型的人喜歡以自己的方式來處理各種工作，是個適應力很強的人。

Ⓑ**沙拉醬**——是個麻煩的傢伙，又喜歡依賴人。做任何事都無法自己拿主意，一定要依靠他人。這種人其實很寂寞，感情也很脆弱。對年長的女性易有好感。

Ⓒ**拌有芝麻的日式調味醬**——喜歡吃芝麻的人，屬於頭腦發達型。此種人有極佳的獨創力和思考力。不過，愛講道理的這類型人，常會因想得太多，以致缺乏決斷力和行動力。總是反駁他人的意見也是其缺點。

Ⓓ**什麼也不加**——只加鹽和胡椒。此種人不拘小節，很樂天。不論人家怎麼說他，他都是心平氣和的。自己是自己，他人是他人，分的很清楚。有事相求時，找這種人最恰當了。

■有趣的點子

不佳的職員和中堅職員

根據哈佛大學的調查，辭去工作的人之中，對自己的才能和適應性沒有自信，因此才辭職的人，只不過佔了百分之二十二，其他的百分之七十八的人，都是因為人際關係上的失敗才辭職的。也就是說，他們都是因為不滿上司不能瞭解其想法，或與同事之間相處不融洽，才辭職的。

在日本，此種傾向正逐年地增加。每年有不少高薪或高職位的人，為了想換工作，或想要辭去工作，來找我這個從事協商工作的人商談。

要如何做，才能讓我們在工作場合中建立和諧的人際關係，受到大眾的信賴呢？首先，請先測驗一下，你究竟具有多少程度的受信賴素質？

〈測驗〉

如果你是個想成為大公司的職員的人，請回答下面各項目的問題。如果眼前你已是個是個公司職員，請仔細想想自己的日常生活，把你認為經常有的部分，圈選出來。

(1)你會立刻發覺你的朋友，變換了領帶、西裝、髮型等等？

(2)你知道你的朋友每天抽的是哪種煙嗎？（如果是外國製，請說出牌名）

(3)朋友向你傾吐煩惱時，你會強迫推銷自己的意見？還是只當個好聽衆？

(4)參加宴會或公司同仁的旅行時，如果你被要求「獻藝」一番時，你是不是很高興的馬上起來表演？

你在上面的四個項目中，畫了幾個圈：

如果你畫的圈是兩個以下，就表示你不被同仁信賴，而責任在於你本身。

能及早判斷出對方的性格如何？要求為何？是得到對方信賴的第一步。為此，你有必要努力地去關心與保護對方。當換了條領帶到公司時，竟沒有一個人發覺，任誰都會感到失望吧。如果那時，你對他說：「好有品味的領帶」對方一定會認為你經常都在注意著他的。

人與人之間，單憑如此簡單的話，就可增進彼此的親密感。如果你能夠比他人更早地去關心一個人，或他人沒有表示關心時，你馬上就認可他等，在心理上都可以得到很大的效果。

女職員對男職員的領帶顏色和樣式，經常都很關心，可是男職員彼此之間，少有注意到對方領帶的。也少有上司會注意到，屬下有否換領帶。

除了領帶之外，還有手錶、皮帶、鞋子等。皮帶會表現出一個人的性格和日常的生活態度。入公司多年，還繫著刻有大學名字的皮帶者，多半是還不習慣此公司，或還懷念著學生時代的人。

這類型的人之中，多半是與同期進公司的同事，無法融洽的相處。如果你對這種人說：「你也是K大學的呀！××課的○○也是耶。」或與他聊大學的棒球等，很快就能和他拉近距離。

鞋子，更能說明許多的特色。例如：一雙只在上下班才穿的鞋子，卻是骯髒無比，就表示鞋主人的生活較不規則，且很浪費。若他是個結了婚的人，由這雙髒鞋看來，夫妻間的關係並不是很協調。

穿著新西裝、或收入極高的人，卻穿著一雙舊鞋，相反的，穿著一雙好鞋，卻配件地攤貨的衣服的人，表示其生活方式總有某些值得商榷之處，才會如此不平衡。

此時，你要稍稍觀察對方的行動，你要注意他或會發生某些重大的變化。

要瞭解部下或同事的話，去探知他日常生活中有哪些慾求，是迅速又正確的途徑。凡是人皆有慾求。有的人，對性方面有慾求，有的人對金錢有慾求，或者是地位、名聲……等。這些潛在性的慾求，往往會在日常生活中的小地方表現出來。

因此，我們也可以從一個人抽的煙，或日常用品的種類，判斷出此人具有哪些潛在性的慾求。名譽慾較強的男性，平日愛抽的煙多半是外國製的，因為，他希望把自己表現得，看起來更像高級的人士般。所以，若平日抽的是大衆化品牌的香煙者，基於好表現，就會改抽外國製的煙。

即使從香煙的種類，如：美國製？或英國製等，也可以看出此人的性格和慾求。除香煙外？如果連打火機、服裝、手錶等，也都用的是外國製的話，就表示此人有很強烈向上爬的意識，心中充滿著慾求，渴望周遭之人認為他是「了不起的人」。

服裝或身上所帶的東西，都只是國產的二流品，但卻抽外國製的煙或煙斗的人，多為對地位和名聲有著強烈慾求不滿的類型。面對此類型的人時，你若能充分的賞識其長處和才能，理解對方的發言和慾求，定能受到他的信賴。

香煙的診斷法，還有下述的方法。

（種類）

本國製的雪茄——標準型。有都會感的上班族。不太會有什麼過失。是腳踏實地、努力的類型，缺點是有點愛慕虛榮。

希望牌——獨來獨往型。個性倔強、很獨立，少有朋友。藝術家類型。

短支和平牌——能力強、工作出色，很早就能出人頭地。但是，易被人討厭。

長支和平牌——女性化。內向型，孤寂。但是，非常羅曼蒂克。

外國煙——有強烈的出人頭地意識。抽外國煙的年輕人，表示其很希望把自己表現的，比實際的自己更好，或較媚外。抽外國煙的女性，較歇斯底里，對性方面也很強烈的關心。

煙斗——愛抽煙斗的年輕人，屬於撒嬌孩子型。喜歡追求母性化的女人，也有「陽萎」的可能。抽煙斗的中年男性，反抗心強，喜歡耽於興趣或研究。

煙卷——性方面較弱的人，把煙卷放在胸前口袋帶著走的人，有一種想要表現自己力量的潛在意識。

女性開始抽煙時——有兩、三次以上性經驗的女性，就會對抽煙感興趣。尤其是，喜好抽煙的十幾歲女性，多半不是「處女」。

戒煙或改抽其他種類的煙，多表示此人的生活態度和想法也有所變化。

據說，抽香煙就好比是幼兒吮手指的動作，在心理上，也可以視作是此種動作的成人型。一個抽香煙的人，與其說他喜歡香煙的味道，不如說他感受的是，情緒上的安心感。從一個人的抽煙方式，可判斷他這時的心理。例如，他是不是正在思考？是否正緊張、焦躁著。愈是在緊張，且欲掩飾此緊張時，人就會香煙一根接著一根的抽。抽的方式也變得雜亂。一個人的精神若處於安定狀態，抽香煙的方式是優雅的、緩慢的。

大展出版社有限公司　圖書目錄

地址：台北市北投區11204
致遠一路二段12巷1號
郵撥： 0166955～1
電話：(02) 8236031
8236033
傳眞：(02) 8272069

•法律專欄連載• 電腦編號58

台大法學院 法律學系／策劃
法律服務社／編著

①別讓您的權利睡著了1	180元
②別讓您的權利睡著了2	180元

•婦 幼 天 地• 電腦編號16

①八萬人減肥成果	黃靜香譯	150元
②三分鐘減肥體操	楊鴻儒譯	130元
③窈窕淑女美髮秘訣	柯素娥譯	130元
④使妳更迷人	成　玉譯	130元
⑤女性的更年期	官舒妍編譯	130元
⑥胎內育兒法	李玉瓊編譯	120元
⑦愛與學習	蕭京凌編譯	120元
⑧初次懷孕與生產	婦幼天地編譯組	180元
⑨初次育兒12個月	婦幼天地編譯組	180元
⑩斷乳食與幼兒食	婦幼天地編譯組	180元
⑪培養幼兒能力與性向	婦幼天地編譯組	180元
⑫培養幼兒創造力的玩具與遊戲	婦幼天地編譯組	180元
⑬幼兒的症狀與疾病	婦幼天地編譯組	180元
⑭腿部苗條健美法	婦幼天地編譯組	150元
⑮女性腰痛別忽視	婦幼天地編譯組	130元
⑯舒展身心體操術	李玉瓊編譯	130元
⑰三分鐘臉部體操	趙薇妮著	120元
⑱生動的笑容表情術	趙薇妮著	120元
⑲心曠神怡減肥法	川津祐介著	130元
⑳內衣使妳更美麗	陳玄茹譯	130元

•青 春 天 地• 電腦編號17

①A血型與星座	柯素娥編譯	120元

②B血型與星座	柯素娥編譯	120元
③O血型與星座	柯素娥編譯	120元
④AB血型與星座	柯素娥編譯	120元
⑤青春期性教室	呂貴嵐編譯	130元
⑥事半功倍讀書法	王毅希編譯	130元
⑦難解數學破題	宋釗宜編譯	130元
⑧速算解題技巧	宋釗宜編譯	130元
⑨小論文寫作秘訣	林顯茂編譯	120元
⑩視力恢復！超速讀術	江錦雲譯	130元
⑪中學生野外遊戲	熊谷康編著	120元
⑫恐怖極短篇	柯素娥編譯	130元
⑬恐怖夜話	小毛驢編譯	130元
⑭恐怖幽默短篇	小毛驢編譯	120元
⑮黑色幽默短篇	小毛驢編譯	120元
⑯靈異怪談	小毛驢編譯	130元
⑰錯覺遊戲	小毛驢編譯	130元
⑱整人遊戲	小毛驢編譯	120元
⑲有趣的超常識	柯素娥編譯	130元
⑳哦！原來如此	林慶旺編譯	130元
㉑趣味競賽100種	劉名揚編譯	120元
㉒數學謎題入門	宋釗宜編譯	150元
㉓數學謎題解析	宋釗宜編譯	150元
㉔透視男女心理	林慶旺編譯	120元
㉕少女情懷的自白	李桂蘭編譯	120元
㉖由兄弟姊妹看命運	李玉瓊編譯	130元
㉗趣味的科學魔術	林慶旺編譯	150元
㉘趣味的心理實驗室	李燕玲編譯	150元
㉙愛與性心理測驗	小毛驢編譯	130元
㉚刑案推理解謎	小毛驢編譯	130元
㉛偵探常識推理	小毛驢編繹	130元

•健 康 天 地•電腦編號18

①壓力的預防與治療	柯素娥編譯	130元
②超科學氣的魔力	柯素娥編譯	130元
③尿療法治病的神奇	中尾良一著	130元
④鐵證如山的尿療法奇蹟	廖玉山譯	120元
⑤一日斷食健康法	葉慈容編譯	120元
⑥胃部強健法	陳炳崑譯	120元
⑦癌症早期檢查法	廖松濤譯	130元

⑧老人痴呆症防止法	柯素娥編譯	130元
⑨松葉汁健康飲料	陳麗芬編譯	130元

• 超現實心理講座 • 電腦編號22

①超意識覺醒法	詹蔚芬編譯	130元
②護摩秘法與人生	劉名揚編譯	130元
③秘法！超級仙術入門	陸　明譯	150元

• 心 靈 雅 集 • 電腦編號00

①禪言佛語看人生	松濤弘道著	150元
②禪密教的奧秘	葉逯謙譯	120元
③觀音大法力	田口日勝著	120元
④觀音法力的大功德	田口日勝著	120元
⑤達摩禪106智慧	劉華亭編譯	150元
⑥有趣的佛教研究	葉逯謙編譯	120元
⑦夢的開運法	蕭京凌譯	130元
⑧禪學智慧	柯素娥編譯	130元
⑨女性佛教入門	許俐萍譯	110元
⑩佛像小百科	心靈雅集編譯組	130元
⑪佛教小百科趣談	心靈雅集編譯組	120元
⑫佛教小百科漫談	心靈雅集編譯組	150元
⑬佛教知識小百科	心靈雅集編譯組	150元
⑭佛學名言智慧	松濤弘道著	180元
⑮釋迦名言智慧	松濤弘道著	180元
⑯活人禪	平田精耕著	120元
⑰坐禪入門	柯素娥編譯	120元
⑱現代禪悟	柯素娥編譯	130元
⑲道元禪師語錄	心靈雅集編譯組	130元
⑳佛學經典指南	心靈雅集編譯組	130元
㉑何謂「生」　阿含經	心靈雅集編譯組	130元
㉒一切皆空　般若心經	心靈雅集編譯組	130元
㉓超越迷惘　法句經	心靈雅集編譯組	130元
㉔開拓宇宙觀　華嚴經	心靈雅集編譯組	130元
㉕真實之道　法華經	心靈雅集編譯組	130元
㉖自由自在　涅槃經	心靈雅集編譯組	130元
㉗沈默的教示　維摩經	心靈雅集編譯組	130元
㉘開通心眼　佛語佛戒	心靈雅集編譯組	130元
㉙揭秘寶庫　密教經典	心靈雅集編譯組	130元
㉚坐禪與養生	廖松濤譯	110元

國立中央圖書館出版品預行編目資料

性格測驗1　探索男與女／淺野八郎著；李
鈴秀譯-初版　--臺北市：大展，民83
面；　公分　--（趣味心理講座；1）
譯自：性格ゲーム　男と女の人間テスト
ISBN 957-557-422-2（平裝）

1. 心理測驗

179　　83000431

本書原名：性格ゲーム
男と女の人間テスト
原発行所：KKベストセラーズ
原作者淺野八郎先生授權出版　(C)1993

性格測驗① 探索男與女

ISBN 957-557-422-2

原著者／淺野八郎
編譯者／李鈴秀
發行人／蔡森明
出版者／大展出版社有限公司
社址／台北市北投區（石牌）致遠一路二段12巷1號
電話／（02）8236031・8236033
傳真／（02）8272069
郵政劃撥／0166955－1
登記證／局版臺業字第2171號
法律顧問／劉鈞男律師
承印者／國順圖書印刷公司
裝訂／嶸興裝訂有限公司
排版者／千賓電腦打字有限公司
電話／（02）8836052
初版／1994年（民83年）2月
定價／140元